はじめての「高野山町石道」入門

木下浩良 著

セルバ出版

はじめに

　高野山へ登る登山口は、東西南北の四方に7つありました。その7つのルートの中で、高野山へ行く正面の表参道(おもてさんどう)とされたのが、本書で紹介します高野山町石道(こうやさんちょういしみち)です。高野山山麓の伊都郡九度山町慈尊院(いとぐんくどやまちょうじそんいん)から入って、かつらぎ町天野(あまの)を経(へ)て高野山へと行く道です。

　表参道の町石道には、他の登山道にはない特色があります。それは、その名が示している「町石(ちょういし)」の存在です。町石とは、1町ごとに建てられた石の塔（卒都婆(そとば)ともいいます）のことで、高野山麓の慈尊院から高野山上の根本(こんぽん)大塔(だいとう)までの約20kmと、同塔から奥の院までの1町ごとに町石が建っています。

　町石は、根本大塔を基点として慈尊院へ180町の180基と、奥の院へ36町の36基あります。慈尊院にある最初の町石が180町石、奥の院にある町石が36町石で、いずれも根本大塔に一番近い町石が1町石となります。

　町石道や町石の詳細なことについては、専門家の手になるものがほとんどで、一般の方には難解で、取っつきにくい感じがありました。

　そこで本書は、この高野山の町石と町石道について、そのルーツ・歴史、建立のスポンサーなどを、初めての人にわかるように、できるだけ平易にまとめています。また、本書では、従来、光が当てられなかった点にも触れています。石造物の専門家の方々にもお読みいただければ幸いです。

　本書をまとめるにあたっては、恩師の日野西眞定先生（元高野山大学教授）に種々ご教示いただきました。山田知子先生（大谷大学名誉教授）にも、お導きいただきました。また、乾仁志（高野山大学教授）、奥山直司（高野山大学教授）の両先生からのご推薦により発表の機会を得ました。

　紙上を借りて、心から御礼を申し上げます。

　改訂版では、初版の66頁から67頁にかけて書き改めるなどしています。

　平成27年1月

　　　　　　　　　　　　　　　　　　　　　　　　　木下　浩良

改訂版　はじめての「高野山町石道」入門　目　次

はじめに

① 町石完成以前の町石道
- ① 高野山の町石道・町石ってなに ･････････････････････････ 6
- ② 平安時代の高野山町石道 ･･･････････････････････････････ 10
- ③ 空海以前の高野山町石道 ･･･････････････････････････････ 18
- ④ 神様のお山から仏さまのお山へ ･････････････････････････ 27

② 木製から石造の町石へ
- ① 木製の町卒都婆から石造の町石へ ･･･････････････････････ 34
- ② 高野山町石の完成その1 ･･･････････････････････････････ 40
- ③ 高野山町石の完成その2 ･･･････････････････････････････ 52

③ 町石を建てたスポンサーたち
- ① 高野山町石のスポンサーたち ･･･････････････････････････ 60
- ② 町石造立の目的と時代を反映した町石 ･･･････････････････ 70
- ③ 抜き取られて移動させられた町石 ･･･････････････････････ 78

④ 町石のルーツと町石道にある町石以外の石造物
- ① 町石のルーツ ･･･ 88
- ② 町石道にある町石以外の石造物 ･････････････････････････ 91
- ③ 高野山登山を町石道・町石が優しく導く ････････････････110
- ④ 町石216基の概要一覧 ････････････････････････････････113

参考文献

① 町石完成以前の町石道

163町石と町石道。紀の川域を眼下に望む

① 高野山の町石道・町石ってなに

高野山ってなに

　高野山は、和歌山県北西部の和歌山県伊都郡高野町高野山に位置します。海抜約1,000mの、東西4km・南北2kmの山頂の盆地に開かれたお寺です。お寺の名前は、金剛峯寺といいます。

　平安時代の初めに遣唐使に従って中国の唐に渡った空海（弘法大師ともいいます）が、日本に帰ってきて開いたお寺です。弘仁7年（816）のことでした。今から1200年ほど昔の話です。

　空海は、真言宗という仏教の宗派の創始者（宗祖）として有名です。高野山の奥の院というところには、空海が承和2年（835）に入定（生きたまま禅定（宗教的な瞑想）に入ること）した御廟があります。

「高野山惣図」（『紀伊国名所図会』）向かって右に大門。左に奥の院の御廟

　そこには全国の人々が建立した、30万基ともいわれるお墓が群立しています。

　今も、御廟には高野山登山の人たちからのお線香や蝋燭の火が、絶えることはありません。

　高野山内の塔頭寺院の数は最大1,800か寺以上ありました。今も、110以上の寺院があります。古くから、3,000人ものお坊さんが住んでいました。　現在では、お寺だけでなく民家・商店・銀行・病院・役場はもちろんのこと、学校は幼稚園から大学・大学院までもあります。

高野山は、1200年の間、連綿と長く続いている真言宗の宗教都市なのです。平成16年（2004）には、ユネスコの世界遺産にも登録されました。

町石道ってなに

　その高野山へ登る登山口は、東西南北の四方に7つありました。その7つのルートの中で、高野山へ行く正面の表参道とされたのが、本書で紹介します高野山町石道です。

　高野山山麓の伊都郡九度山町慈尊院から入って、かつらぎ町天野を経て高野山へと行く道です。

慈尊院門前

　行程約20kmにも及ぶ登山道で、山頂の高野山までたどり着くには、徒歩で5時間以上はかかります。

高野山の表参道

　表参道といえば、東京にも表参道というところがあります。原宿駅近くのにぎやかな所として有名ですが、あそこは明治神宮が創建されたときに、そのお宮へ行く正面玄関の道としてできました。

　高野山町石道も、東京の表参道と同様に、高野山登山の人々でにぎやかだったことが想像できます。700人から1,000人もの団体が、町石道から高野山登山をしたという江戸時代の記録もあります。

　1200年という悠久の歴史の中で、様々な人々が弘法大師信仰と、霊場高野山の憧れを胸に、山路の中で苦しみつつも高野山登山を成し遂げました。

奥の院の御廟橋。正面奥に灯篭堂が見える。御廟はさらにその奥にある

真言宗のお寺は、京都をはじめ全国各地にありますが、高野山は空海が開いたお山で、山上の奥の院には前述のように空海が入定した御廟があります。

　高野山は、国内でも有数の聖地なのです。全国の人々は、生涯一度は高野山登山をしたいと考えていました。

高野山の表参道にある町石

　表参道の町石道には、他の登山道にはない特色があります。それが、その名が示している「町石」の存在です。

　これは「ちょういし」と読みます。

　「町」とは、古い時代の我が国で使用していた距離の単位です。1町は、約110メートルとなります。

　町石とは、その1町ごとに立てられた石の塔（卒都婆ともいいます）のことなのです。高野山麓の慈尊院から高野山上までの約20kmの1町ごとに町石が立っています。

根本大塔

町石の基点と町石の数

　高野山上の中心には、根本大塔という赤い塔があります。町石は、この大塔を基点としています。根本大塔から慈尊院へ180町の180基の町石があります。

　慈尊院にある最初の町石が180町石で、高野山へ登山するに従って、179町石・178町石・177町石と1町ずつ町数が少なくなり、根本大塔に一番近い町石が1町石となります。

180町石

そして、根本大塔から高野山上の東の奥の弘法大師空海の御廟がある奥の院までが36町で、36基の町石が立てられています。

　根本大塔に一番近い町石が1町石で、次に2町石・3町石と数が増え、奥の院の御廟に最も近い最後の町石が36町石となります。

　そのため、1町石から36町石は、奥の院側と慈尊院側と2つあることになります。

町石が建てられたわけは

　なぜ、町石は建てられたのでしょうか。

　本書は、この町石と町石道そのものを詳しく検証することで、町石道とは何だったのか、その性質を明らかにしようとするものです。

　そうすることで、1200年も続いた高野山の信仰の一面も明確になるものと考えます。

　この高野山の町石が完成するのは、鎌倉時代中頃の弘安8年(1285)のことです。町石ができて、町石道も完成します。

　そうなると、話は鎌倉時代から始めないといけないと思われるかもしれませんが、町石について語るときに、どうしても町石ができる以前の町石道について触れなければなりません。

164町石付近より、紀の川と対岸の橋本市高野口町を望む

　なぜなら、町石完成前から道自体はあって、高野山の表参道としての役割があったからです。

　町石道そのものは、高野山を開いた空海の時代もあったと考えます。それで、まず時空を、平安時代後期にさかのぼって話を進めてみようと思います。

高野山遠景。山麓の九度山町付近より見る（後藤雅則氏提供）

① 高野山の町石道・町石ってなに　9

② 平安時代の高野山町石道

歴史を調べる

　歴史を調べるには、証拠となる史料（資料）が必要となります。1200年もの歴史がある高野山には、他とは違い古い時代を物語る史料が残されています。

　高野山町石道についても、町石が造られる以前の重要な史料があります。

白河上皇の高野山登山の記録

　それが、『寛治2年白河上皇高野御幸記』です。平安時代後期の寛治2年（1088）に、白河上皇が高野山を登山したときの記録です。

　白河上皇といえば、天皇にかわって上皇が院庁において国政を行う「院政」を創立した人物として有名です。

　白河天皇は、その年の2年前の応徳3年（1086）に8歳の皇太子（堀河天皇）に天皇の位を譲って、上皇（太上天皇ともいいます）となっていました。

　上皇となれば、天皇と違ってある程度の自由ができます。白河上皇は、念願だった高野山登山を成し遂げたのです。

町石ができる前はどんな様子だったのか

　その記録の中に、町石ができる前の高野山町石道の様子が記されています。

　それが、「路頭に卒都婆札など立つ。町数を注す（書き記す）」とある記述です。

　卒都婆札は、木でできた卒都婆（塔）の意味かと思います。それには、町数が記されていた、と書き残しているのです。

　これにより、石でできた町石ができる前の町石道には、木製のものが町石と同様に1町ごとに立っていたことがわかります。

　この木製のものを、町石とは区別して、町卒都婆とします。

平安時代の卒都婆札の形

　この町卒都婆は、どのような形態をしていたのでしょうか。

　史料には「札」とあります。このことがヒントになります。「札」から連想される言葉として、お金の「お札」があります。札とは、文字を書いてしるしとするふだという意味で、元は薄くて小さい木のふだのことでした。

　そのことから、「卒都婆札」は薄い板状のものであったことが推測されます。残念ながら、この当時の町卒都婆は現存しません。

　ただ、江戸時代に編纂された『紀伊国名所図会』という本の中に、このときの上皇の高野山登山の想像図があり、町卒都婆も描かれています（下図参照）。

上皇の高野山登山の様子　　（『紀伊国名所図会』）

鎌倉時代の町石の形は

　ここで、鎌倉時代の町石の形態についてみてみましょう。

　方形の柱の上に五輪塔という塔をのせたものとなっています。この形態を五輪卒都婆といいます（写真参照）。

　読者の皆様は、町石が単なる道標ではないことに、気が付かれたことと思います。

　町石は仏塔なのです。

78町石

今に残る町石は、板状ではありません。大きさは、高さ250cm以上はある細長い形態ですが、正面の幅と奥行きはほとんど同じ30cmほどで、板状ではありません。これにより、平安時代後期の町卒都婆は、鎌倉時代の町石とは違っていたことがわかります。

五輪塔としての卒都婆札

　平安時代の卒都婆札の形が板状であったであろうことはわかりましたが、町石とは全く違う形だったのでしょうか。

　卒都婆とありますので、何らかの塔としての形態であったことは間違いありません。この点について、『紀伊国名所図会』では町石と同じで、五輪塔を描いています（図を参照）。

　実は、このことも重要な問題点を含んでいます。五輪塔とは、方形の地輪・球形の水輪・三角の火輪・半球形の風輪・団形の空輪の5つの部分より成る塔のことです。

　五輪塔は、日本にしかない塔です。五輪塔は意外と身近な塔で、全国各所の墓地の墓標の中で見られますが、インド・中国などの海外からは見つかっていません。図形としては、経典の中に出てきますが、形となったものは日本にしかないのです。

　この五輪塔の図形は、真言宗で説かれる中心的な仏さまの大日如来のシンボルとされています。

町卒都婆部分
（『紀伊国名所図会』）

　つまり、五輪塔＝大日如来なのです。

　このように、五輪塔には深い意味があります。

　誰が最初に五輪塔を造ったのかはわかりませんが、考えられるのは真言宗のお坊さんです。

　しかも、高野山から五輪塔が発生したことも、後述する状況証拠により考えられます。

五輪塔の古い遺物

　石造の五輪塔の中で一番古いのが、岩手県平泉町中尊寺釈尊院にあります、仁安4年（1169）の銘文があるものです。

　石造の他では、慶長11年（1606）の『義演准后日記』という記録にある、京都醍醐寺円光院址より出土の、応徳2年（1085）の年号がある石櫃（石の棺）ら出てきた銅製五輪塔が最も古いとされています。

　ただし、この銅製五輪塔の現物は、出土した直後に埋めもどされて、現在見ることはできません。

　一番古い五輪塔関係史料とされているものが、貴族の日記『兵範記』の仁安2年（1167）の記載にある「五輪石塔を立てる」です。

　五輪塔の起源について研究者は、僅かに残る史料や遺物から様々な学説を立てているのが現状です。

高野山の卒都婆札は『兵範記』より古い五輪塔史料

　ここでいえることは、寛治2年（1088）白河上皇が実見した町卒都婆が、『紀伊国名所図会』が描いているように、五輪塔である可能性が極めて高い、ということです。

　なぜならば、石造に先行して木製があったとなると、石造のものは木製のものからの転化であり、模倣されたものと考えることができるからです。

　この点については、後で詳しく述べますが、少なくとも石造になって、形状が極端に違うことにはならなかったのです。

　いずれにしましても、町卒都婆は白河上皇が高野山登山をした寛治2年（1088）当時、既に存在していました。つまり、高野山における町卒都婆の造立は、寛治2年（1088）をさらにさかのぼることになります。

　京都醍醐寺円光院址より出土の、応徳2年（1085）の年号がある石櫃から出てきた銅製五輪塔よりも古い五輪塔の可能性が、十分に考えられるのです。

　この仮説が許されるのであれば、『寛治2年白河上皇高野御幸記』の町卒都婆の記載は、文献上でも『兵範記』より古い五輪塔関係史料、ということになります。しかも、高野山において五輪塔は、通常に見られる卒都婆の

1つであったことも指摘できます。京都醍醐寺円光院址より出土の、応徳2年（1085）の銅製五輪塔の1基どころではなかったわけです。

卒都婆札よりもっと古い時代は

それでは、寛治2年（1088）よりさらに古い時代はどうだったのでしょうか。

有力者の高野山登山の様子を伝える史料は、この他に『扶桑略記』という文献にある治安3年（1023）の藤原道長の高野山登山の記録と、永承3年（1048）の藤原頼通の高野山登山の記録『高野山御参詣記』があります。

残念ながら、その2つの史料を見ても、町卒都婆の記述は見出せません。そのような理由から、この頃は、町卒都婆はなかったとされています。

藤原道長の高野山登山を契機に、高野山の参詣人が増加して、その結果、参詣道の道標としての町卒都婆が建てられたと、これまでの研究者は考えています。有名人が高野山登山をしたため、他の人たちもそれにならったというわけです。

『寛治2年白河上皇高野御幸記』には、「この山（高野山）への参詣の人は、偉い人や一般の人も多いが、太上皇（白河上皇）の臨幸（天子が行幸してその場所へ行くこと）のことは、前代未聞（これまで聞いたことがない）」とあります。

この寛治2年（1088）のときは、藤原道長の高野山登山から65年後のことです。平安時代後期の高野山が、今のように全国から多くの参詣人が来て、にぎやかだった様子を伝えています。

逆をいえば、寛治2年（1088）頃は、既に高野山登山が盛んだったことが指摘できます。

そう考えると、高野山登山の増加により、町卒都婆ができたとする説も、もっともかとも思えます。藤原道長以前の、高野山登山の様子を伝える史料がないことも、この説が正しいことを示す、状況証拠ともなっています。

卒都婆札以前に木製の卒都婆があった

ただ筆者は、上記の『寛治2年白河上皇高野御幸記』に「路頭に卒都婆札

など立つ」とあることに注目します。史料に「など」とあって、道には町卒都婆の他にも、木製の卒都婆があったことを記しています。

　その町卒都婆以外の木製の卒都婆とは、町卒都婆に先行する木製の卒都婆のなれの果ての遺物ではなかったのでしょうか。そう考えますと、藤原道長・頼通の時代にも、町卒都婆に先行する木製の卒都婆が、道のあちらこちらにあったことが推測されるわけです。

　さらに、『扶桑略記』と『高野山御参詣記』は簡潔な記録ですので、詳しいことは省かれたのではないかとも考えます。史料では十分に確認できませんが、藤原道長の時代にも町卒都婆があったものと考えます。

　後世の鎌倉時代の町石関係史料には、町石に先行した木製の町卒都婆は、空海が高野山を開いた当時からあったと記しています。果して、空海の時代にまで町卒都婆は、さかのぼらせることができるでしょうか。

古い時代の高野山登山の入口の福居辻堂

　筆者は、藤原道長より少し前までは、町卒都婆が実証的に確認できると思っています。その根拠となる史料が、『高野山秘記』という平安時代末期から鎌倉時代初めに成立した文献です。その中に、「古老、言う。始め山下の福居辻堂より、山上の大塔の庭前に至る」とあります。

現在の福居辻堂（堂坂基国氏宅内）

　つまり、古老の談として、慈尊院から高野山までの町石道が、かつては福居辻堂より始まっていたというのです。町卒都婆の始まりが九度山町の慈尊院ではなくて、昔は福居辻堂だった、といっているわけです。

福居辻堂内の十一面観音立像と二天立像。三体とも平安時代後期の作

② 平安時代の高野山町石道　15

福居辻堂はどこでしょうか。

実は、九度山町慈尊院から、さらに高野山へ町石道を50町以上も登山した、伊都郡かつらぎ町天野にあります。

現在でも、天野地区の古老に尋ねると、「フクイノツジンドウ」と聞くことができます。元あった場所から少し移動していますが、今もこのお堂は付近の堂坂基国さんのお宅の敷地内にあります。

近年、この地区から平安時代後期の仏像が見出されました。場所は、下天野の八幡神社から志賀地区（かつらぎ町志賀）へ行く道で、途中に神田地区（かつらぎ町神田）へ行く旧道の辻の付近にある小堂です。ここは、昔は福井村といっていたところです。

福居辻堂近くにあった180町卒都婆

福居辻堂近くに、180町を示す町卒都婆が立っていたのです。そこから、高野山参詣道は神田をとおり、今の町石道へと合流して高野山へと行くコースがかつての高野山町石道でした。

それでは、そのコースをたどっていた時代はいつなのでしょうか。

福居辻堂跡

治安3年（1023）藤原道長、永承3年（1048）藤原頼通、寛治2年（1088）白河上皇の高野山登山の記録で確かめても、あくまで高野政所（慈尊院のこと）から、高野山登山が始まっています。

このことは、福居辻堂から始まる高野山登山が、平安時代後期よりさらに古い、平安時代中頃の様子を伝えているものと考えます。そうです。町石以前の町卒都婆は、平安時代中頃までさかのぼることができるわけです。

高野山の地主神

天野は、高野山の地主神（その土地の神で、その地を守護する神）である丹生明神（女神）と高野明神（男神）の鎮座する丹生都比売神社（天野大社）

があるところです。

空海は、高野山を開く前に天野の涌宿（わきのしゅく）で草庵（そうあん）を結んだとされています。そこで、空海が地主神（じぬしがみ）への読経（どきょう）を三日三晩したところ、神様の明神（みょうじん）が湧き出たとされています。

実際に、神様が湧き出たか否かは別として、空海が高野山の開創前（かいそうまえ）に、まずは天野に入っていることが注目されます。

天野の丹生都比売神社

それは空海の時代に天野が、高野山の入口だったと考えられるからです。

藤原道長の高野山登山の効果

藤原道長の高野山登山は、高野山にとって重大な意味がありました。道長は、このとき、高野山へ高野政所の河南（かなん）の地を寄進（きしん）したのです。つまり、財源の元になる荘園を高野山に寄進したのです。

これが契機となり、道長以降の高野山登山を果たした有力者による荘園の寄進が、度々（たびたび）行われました。これにより、高野山は、経済的に安定しました。

政所（まんどころ）とは、荘園の事務を司（つかさど）った所のことです。この政所が藤原道長以降に発展していって、慈尊院へとつながったことが考えられます。

そうなると、藤原道長以前の高野山の正面玄関が天野であっても、問題はないものと考えます。高野政所（こうやまんどころ）が、荘園の寄進により重要地点となり、天野から九度山の慈尊院へと高野山の入口が移ったことが考えられます。

なお、道長の高野山登山の記録にも、"高野政所"と慈尊院のことを呼んでいますが、道長の時代にも慈尊院周辺には高野山の寺領が少しですがありましたので、政所がそのときに存在していても、別に問題はありません。

それでは、さらに古い空海以前の時代は、どうだったのでしょうか。

古くなるほど史料はありませんので、わからないことばかりですが、町石について紹介する前に、次の③で触れてみたいと思います。

さらに時空を、空海よりさらに古い時代へとさかのぼらせてみましょう。

③ 空海以前の高野山町石道

大声が出せなかった町石道

『寛治2年白河上皇高野御幸記』に注目される記載があります。

白河上皇より、次のような禁止令が、高野山登山の一行に出ました。

「高声（大声）の者、上下（上のものから下のものまで）これを禁ずと仰せ（御命令）。土人（その土地に生まれ住む人）言う。この山（高野山）において群れ動く高声あれば、忽然（たちまち）と雷電風雨（かみなりといなずま、暴風雨）。よって、これを禁ずなり」。

つまり、高野山登山に際して大声を出してはならない。なぜなら、地元の住人が、「このお山（高野山）で大声をあげると、たちまち雷や稲妻の暴風雨となる」というからで、それで禁止した、というのです。

高野山登山でタブーとされたこと

この件では、さらに続きがあります。白河上皇の一行の中で、その言いつけに背いて大声を張り上げた者が出てしまいました。するとどうでしょう。激しい雨となり、寒い風が吹き荒れました。これには驚いて、大声をあげたための、この山の懲らしめであると、『寛治2年白河上皇高野御幸記』は記しています。

そうです。平安時代後期の町石道では、大声を上げることができなかったのです。大声を上げることは、タブー（ふれたり口に出したりしてはならないとされているもの）だったのです。

高野山に対する"恐れ"

それはなぜでしょうか。そこには、高野山周辺に住んでいた古代人の、この山（高野山）に対する、深い"恐れ"というものがあったからだと考えられます。

そこには、空海に対することより、この山（高野山）そのものに対する畏敬（崇高なものをかしこまり敬うこと）の念があったからです。

なぜなら史料の中に、「弘法大師空海の罰のため」という記述がないからです。にわかの天候の変化は、史料にもあるように、この山の懲らしめのため生じた出来事とこの当時の人々は信じているのです。

聖なるお山、高野山

　これにより、高野山自体、元々(もともと)が聖なる"お山"であったことがわかります。

　高野山は空海により開かれた山と、本書の冒頭に記しましたが、空海の開創以前から高野山は周辺の人々から尊(とうと)ばれていたのです。

　この山（高野山）の懲らしめによる天候の変化の実際は、今日いわれるように、「山の天候は変わりやすい」というほどのことだと考えます。

　白河上皇が高野山登山をしたのが2月25日のことです。その当時は太陰暦(たいいんれき)の旧暦ですので、現在の太陽暦(たいようれき)でいえば1か月ほど遅れの1月下旬のことになります。高野山は厳冬の中であったはずです。一瞬にして悪天候になることは、冬の高野山でもよくあります。

　しかし、このことを現代の科学の眼でみるのではなく、平安時代後期の古代人が、お山の祟(たた)りと信じた、その純粋な精神を思うべきです。単なる迷信と済ませては、大事なことが見えなくなります。

高野山周辺の仏教以前の古い習俗

　残念ながら、空海以前の高野山について、確かな証拠となる史料は残っていません。ただ、古くから伝えられた伝承(でんしょう)や、今現在残る習俗(しゅうぞく)（ならわし）の中で、参考となるものがあります。

　その1つは、町石道の道中にある九度山町笠木地区(くどやまちょうかさぎちく)と同町下古沢地区(しもこさわちく)でかつて行われていた葬儀（死者をほうむる儀式。葬式）です。

　笠木地区と下古沢地区では死者が出ると、笠木・下古沢よりさら

花坂の埋め墓。正面の小山。
右側面を、町石道が通っている

③ 空海以前の高野山町石道

に高野山側へ登った高野山の中腹にある花坂地区（高野町花坂）の矢立の墓所へ死体を運び上げて葬っていました。わざわざ、高野山中腹まで登山をして、死者を葬りに行っていたのです。

同様のことは、花坂周辺の細川地区（高野町細川）でも行われていました。

花坂の埋め墓の入口。
六地蔵が建っている。右には、56町石が建つ

姥捨山の昔話

この習俗で、思い出されるものがあります。

昔話の「姥捨山」です。このお話は、1日2度の食事もできないほど貧しい生活をしていた山村で、60歳になると、年老いて働けない老人は山奥に捨てられる、というものです。

ある有名な民俗学（伝統的な生活文化・伝承文化を研究の対象として文献以外の伝承を有力な手がかりとする学問）の学者は、姥捨山の話は事実だといっています。

しかし、これは明らかな間違いだと考えます。なぜなら、生きている人間を捨てる行為は、ありえないからです。

背負われた死者

昔話の「姥捨山」に出てくる、山奥に捨てに行く人物は、老人を背負っています。この背負っていることが、重要なポイントと考えます。生きた老人が捨てられたのではなく、死者を背負って山奥へと葬りに行く情景を、読み取ることができます。

まさに、九度山町笠木・下古沢両地区で行われていた、山奥の花坂地区へと死者を運んだことは、昔話の「姥捨山」そのものなのです。

以前、「楢山節考」という映画がありました。姥捨山の昔話が素材になっていますが、まさにその映画でのシーンが（生きた人間と死者の違いは別と

して）、かつての高野山でもあったものと考えます。

　村の年寄りは70歳になると楢山へ行く慣わしで、69歳のおばあさんはお山にめされることを待ち望んでいました。親孝行の息子は、そんな母に戸惑いながらも、楢山へと母を背負って行く、という映画です。映画の中で、出演者が楢山のことを"お山"と呼んで尊んでいたことが、強く印象に残っています。

　高野山も同じように、古くから現在に至るまで"お山"と呼ばれています。

あの世とこの世の境界

　さらに、このことを傍証（ぼうしょう）する伝承を現在まで伝える遺物があります。それが、高野山の中腹の町石道の花坂の矢立（やたて）付近にあります袈裟掛石（けさかけいし）・押上石（おしあげいし）と、捻石（ねじいし）（近年崩れてありません）です。

　これらは、空海と空海のお母さんの伝承として今に残されています。

　その伝承とは、次のようなお話です。空海が高野山を開いた後に、空海のお母さんが高野山を見たいと高野山登山をしました。空海は花坂の矢立付近まで出向かえに来て、お母さんとはいっても高野山は女性が登る山ではないといって、ここまでですと止めました。

　しかし、お母さんは息子の忠告を聞かずにさらに登ろうとしました。空海は身に付けていた袈裟（けさ）を地面に敷いて、これを越えられたら高野山登山を認めますといいました。お母さんは喜んで袈裟を踏み越えようとしました。

　すると、驚いたことにお母さんは老人

54町石付近にある袈裟掛石

54町石付近にある押上石

になり久しく止まっていた月経がいきなりきて、袈裟を汚してしまい、何と袈裟は大爆発をして、近くの大石が落ちてきました。もう少しで、お母さんは岩に押しつぶされそうになりましたが、空海は手でその大石を押し上げてお母さんを助けました。

結局、お母さんは高野山登山をあきらめました。お母さんがくやしいとひねった石が捻石でした。空海は、スーパーマンのようにお母さんを守ったというのです。

これは実際に起きた出来事ではなく、後の世になってつくられたお話ですが、重要なことは高野山の中腹の花坂の矢立付近からは聖域で、一般の人たちは高野山に入ることができなかったことを今に伝えています。

それが、空海が高野山を開く以前の古い様子を今に伝えているものと解釈します。

高野山の中腹の花坂地区には、この他にも女性に関わる伝承が鎌倉時代に成立した後宇多法皇の高野山登山の記録の『後宇多院御幸記』に記されています。

この史料は、他にも重要な記述がありますので、後のほうでも詳しく紹介します。

押上石。「大師の手がた」と記している　（『紀伊国名所図会』）

花坂の鳴川の流れ

花坂の鳴川神社

その史料に、鳴川を越えようとした「都藍比丘尼」という女性の宗教者が、女性であるとの理由で川を越えられなかったと記載があるのです。

鳴川とは、花坂地区を流れる川です。高野山を水源として、近くには花坂地区の氏神の鳴川神社があります。花坂から奥の高野山が聖地としてあったことを今に示唆しています。

山中他界の信仰

富士山の雄姿を見ると思わず手を合わせたくなります。近年は、登山も盛んです。私たちは、わずかですが、古代人のDNAを残しているようです。

古来、日本人は、高い山に対して信仰がありました。山の中腹には死者の霊が漂い、その霊は次第に浄化して山頂へと行くと信じていました。これを"山中他界"の信仰といいます。

高野山は、伊都郡周辺では高くて富士山のように山頂が三角形の形をした姿のいいお山です。高野山周辺の人たちが、空海以前より、崇めていた"お山"の姿を、笠木・下古沢両地区にかつてあった高野山中腹の花坂地区へ死者を葬る葬儀により、垣間見られるものと考えます。

骨のぼり

また、高野山周辺の人々が、高野山を山中他界の聖なるお山としたことを、今日に伝えるものがあります。それが、"骨のぼり"です。

高野山周辺の地区で、今も行われている葬儀です。

これは死者が出ると、葬式の翌日に、死者の親しい２、３人が、死者の髪を包んだ紙袋を高野山奥の院の納骨堂に納めるというものです。

髪の毛がお骨なのです。高野山登山の途中で、各地区の村はずれの沢には、藁に包んだ死者の弁当と草鞋が供えられます。

骨のぼりで供えられた草鞋と弁当（花坂地区）

③ 空海以前の高野山町石道

浦島太郎の昔話

　この"山中他界"の信仰は、日本に仏教が伝来する以前からあった古い信仰です。周囲に山がなく海岸がある場合は、死体は海へ流していたことがわかっています。水葬です。海の彼方が、あの世の世界と信じられていました。

　兵庫県の日本海に面した竹野町宇日地区は、昔は砂浜の海岸線に墓地があり、何と葬られたばかりの死体が波に洗われて浮かんでいました。浜辺に埋葬された死体は、火葬ではなく土葬だったのです。これは、かつての水葬をしていた時代の名残ではないかと思われます。

　砂浜に死体を埋葬することは、鎌倉市の由比ヶ浜でも発掘調査で実証されています。今ではサーファーや海水浴でにぎわう鎌倉の浜辺も、かつては累々とした死体の山の様相であったことが考えられます。

　この水葬については、昔話の「浦島太郎」をあげることができます。浦島太郎は海中にある竜宮城へ行きます。竜宮城はこの世ではなく、あの世の世界でした。あの世からもどった浦島太郎は、老人となり死んでしまうのです。海や山がないところでは、川に死体を流していました。京都市内を流れる鴨川でも、死体がダムみたいになって、水をせき止めていたとする古い記録があります。これなどは、今では想像もつかない様子です。

　高野山麓の紀の川でも、江戸時代の記録ですが、川面には死体がよく流れていたことがわかっています。"水に流す"ことは、死者に対して行われていたのです。

仏教以前の信仰

　これらの信仰は、我が国に仏教が伝わる以前の信仰形態を示しています。そもそも、仏教は、日本に元からあった宗教ではありませんでした。インドで起こり、中国・朝鮮を経て、6世紀の半ばに日本に伝わったとされています。仏教は、キリスト教と同じで、日本人にとっては外来の宗教だったのです。

　しかし、我が国に仏教が伝わると、すぐに全国に広まり、各地にあった山の霊場は、奈良時代から平安時代初めにかけて次々に仏教化します。高野山の他では、比叡山・富士山・箱根山・立山・日光・山寺立石寺などが有名で

す。それらの場所が選ばれたのは、元々神様がいる聖なるところであったからでした。

　この他にも、全国各地の山々には寺院があります。童謡に、「山寺の和尚さんが・・・」とあるように、小高野山ともいうべき各地方の聖地が、仏教化したことが伺われます。

あの世の異界の世界の高野山

　空海以前の高野山の様子を伺う史料として、後世のものですが1つあります。それは、平安時代中頃の康保5年（968）成立の『金剛峯寺建立修行縁起』です。その中に、空海が開創する以前の高野山が、「霊瑞（不思議なめでたいしるし）至って多し」「昼は常に奇雲（普通とは違った珍しい雲）聳え、夜は常に霊光（不思議な光）を現す」とあります。

　高野山は、この世の世界ではなく、あの世の異界だったのです。

仏教のお山へ

　さらに、『金剛峯寺建立修行縁起』には注目する記述があります。

　空海は、大和国宇智郡で2メートル以上もある大男の狩人と出会い、高野山の話を聞きます。その狩人が率いていた大小2匹の黒犬に導かれて、紀の川近くに宿をとります。

　そこで、さらに一人の山人（狩人）と出会って、空海は高野山へ案内されます。山人は、「私は高野山の山の王である。この山をあなたに差し上げよう」と申し出ました。

　これにより、空海は高野山の土地を朝廷へ請い受けて、開創したとあります。

　狩人は、高野明神なのでした。

空海が、白・黒2匹の犬を連れた狩人と会う場面
（『紀伊国名所図会』）

これは、神様のお山から、仏教の仏さまのお山と変遷した様子をみごとに伝えています。空海が実際に狩人と出会ったか否かはわかりませんが、高野山の開創は、高野山が伊都郡周辺の地方の人たちの霊場から、全国規模の仏教の霊場になった瞬間でもありました。空海は、それまでの一地方の霊場だった高野山を、仏教化して寺院を開き、その土地の地主神である丹生明神と高野明神を大切に祀ったのです。

　これにより、空海自身も仏教だけでなく、山の神様を信仰する宗教者（修験者）としての性格があったこともわかります。そうであったから、一般の人たちが入れなかった高野山に分け入って、お寺を開くことができたのです。

　また空海は、それまでの高野山の山の神様を信仰する宗教者の人たちの中に入って、自分自身の立場である真言宗の僧侶であることも主張したはずです。そこでは、空海はよそ者でした。空海の出身地は四国の香川県です。空海自身に、山の神様を信仰する宗教者たちを真言宗へと説得させるカリスマ性のようなものがなければ、高野山を開くことはできなかったはずです。

　喧々諤々の議論を、空海は山の神様を信仰する宗教者の人たちとしたのではないでしょうか。

　例えば、イエス・キリストのように、キリスト教という新しい宗教を開いた人には、みんなを説得させる何かがあったのです。

　また、最近の研究では、空海は丹生明神を祀る宗教者に対して高野山を開創する前に助力を求める手紙を弘仁7年（816）に出していることが、実証されています。それは『高野雑筆集』という空海の手紙を集めたものの中にあります。従来の研究では、紀伊国の国司か地方の有力者に宛てた手紙とされていたものです。

　いずれにしても、高野山は空海により神様のお山から仏さまのお山へとなりました。次の④では、そのことについてもう少し詳しく触れたいと思います。

146 町石と町石道

④ 神様のお山から仏さまのお山へ

水源信仰のお山

日本人は、山を聖なる所としていました。山は、あの世の他界（山中他界）であったのですが、忘れてはならないことがあります。山は、大切な水の供給源ということです。

山は河川の水源地でもあります。高野山は和歌山県下の有田川の上流で水源となっています。さらに高野山から生じた水は、山麓の玉川へ流れて紀の川に注いでいます。

高野山麓の玉川へ流れる、高野山の清流。（高野町清川橋付近）

いうまでもありませんが、水は命の営みに欠くことのできないものです。人々は、先祖の霊がいる山の山頂を仰ぎ見て尊び、大切な水もその山にいる山神様からいただくものと思って山を尊んでいました。これを、水源信仰といいます。特に田圃に必要なものは水です。田圃の神様は、田神と呼びます。

その田神は山神様で、山から降りてこられると信じられていました。

龍が住む高野山

後世の鎌倉時代の弘長3年（1263）に写された『高野山順礼記』という文献に、高野山には36丈（1丈は約3メートル。36丈は約108メートル）の大きな倶利伽羅（龍）が住んでいて、絶えず水を吐き出しているとあります。

蛇腹道

今でも高野山では、中心の根本大塔近くの道を蛇腹道と呼び、東の大円院付近を蛇尾といっています（三谷清一氏御教示）。
　高野山の西にある最高峰の嶽ノ弁天には龍の頭があったとされます。高野山の山頂全体が大きな龍であったと考えられていたわけです。
　これなどは、空海以前の高野山が山中他界の信仰とともに、水源信仰のお山としても尊ばれていた時代の名残りを今に伝えているのではないかと考えます。

高野山の結界

　このような神様のお山を、空海はどのようにして、仏さまのお山としたのでしょうか。
　まず、空海がしたことは、高野山を結界することでした。結界とは、寺院を建立するときなど一定の境域を限って魔障（仏教の修行を妨げるもの）の侵入を防ぐことをいいます。
　空海は、これをすることで高野山を開いたことになります。史料には「七里結界」をしたと出てきますが、この範囲が具体的にどこまでを示したものかは、わかっていません。しかしながら、実際に、広い範囲の結界であったはずです。他の寺院ではないほどの広さであったと考えます。
　仏教の経典で『陀羅尼集経』という真言宗の系統の経典があります。その中に「七里結界」の文字が見えます。空海はそのお経にある結界の法で執り行ったことが指摘されます。
　ただ、ここで注目すべき事実を紹介します。空海の時代の1里は、今の距離に直すと約650メートルとなります。7里ということは、650×7＝4,550メートル となります。4.55kmです。この距離は、高野山上の東から西の距離とほぼ同一なのです。つまり、空海は、実際に高野山の山頂全体を結界としたことがわかります。

女人堂

　高野山への登山口は7つあることは、前に述べました。この7つの高野山頂の入口には、高野山登山の人たちの入山を監視する駐在所のような性格

を持つ「山之堂」という小堂がありました。特に高野山登山が多い登山口のお堂は女人堂と呼ばれるようになりました。

現在でも、1つだけですが、女人堂が残っています。南海の高野山駅からバスに乗り、最初のバス停が女人堂で、そこに建っています。

唯一残る女人堂

高野山頂は、明治5年（1872）の明治政府による神社仏閣における女人結界の開放まで、女性は入ることができませんでした。女性は、女人堂まで来たらストップするしかなく、あとは女人堂巡りをして、高野山を遠くから見るしかありませんでした。この女人堂巡りの道を、現在は女人道といっていますが、空海が行った結界は、この女人道より内側であったと考えられます。女人道は結界の道だったのです。

また、空海は高野山頂だけでなく、地主神が鎮座する天野から高野山までの道も、聖なる道としたことが伺えます。なぜ、そんなことがいえるかと疑問視されるかと思いますが、町石道を検証することでそのことがみえてきます。

現在に残る女人堂の江戸時代の様子（『紀伊国名所図会』）

④　神様のお山から仏さまのお山へ　29

轆轤峠より高野山を見る女性たち（『紀伊国名所図会』）

町石道は仏さまの曼荼羅世界

　①のところで、高野山の町石は慈尊院から根本大塔までが180町の180基があり、根本大塔から奥の院の空海の御廟までが36町で36基の町石があると述べましたが、その数も実は、仏教的な深い意味があります。

　これも、先に引用した平安時代末期から鎌倉時代初めに成立した文献の『高野山秘記』に、「古老、言う。始め山下の福居辻堂より、山上の大塔の庭前に至る」とある、と紹介しましたが、この史料にはさらに続きがあって、「胎蔵曼荼羅百八十尊を表す。始め大塔より奥院御堂（御廟のこと）に至る。金剛界曼荼羅三十七尊を表す」とあります。

　文中には「卒都婆」とはありませんが、道には卒都婆が立っていた様子が伺えます。

　天野の福居辻堂から高野山の中心の根本大塔までの180町の町卒都婆は、胎蔵界の仏さま180尊の曼荼羅をあらわしているのだと明記しているのです。そして、大塔から奥の院の御廟までが、37尊の金剛界の曼荼羅をあらわしているのだといっているのです。

　鎌倉時代に完成した町石の1つひとつには、仏さまや菩薩さまをあらわす梵字（インドの古代文字）が刻されています。前にも述べましたように、五輪塔形の町石のそれぞれは大日如来であり、仏さまそのものなのです。平安時代の町卒都婆も同様に、1基ごとに梵字が記されていたことが考えられま

す。

胎蔵界曼荼羅・金剛界曼荼羅ってなに

　それでは胎蔵界曼荼羅・金剛界曼荼羅とはいったい何なのでしょうか。これは真言宗で説く２つの仏さまの世界のことなのです。一言でいいますと、「対立する２つの概念（物事の本質をとらえる考え方）をあらわしたもの」となります。

　人間の性格で例えますと、気が強い人の反対側には気が弱い人がいます。
　どっちが仏さまに近いのかというと、どちらも仏さまに近いと、空海が開いた仏教の真言宗ではいうわけです。人間の性格は複雑で、弱い人間もいれば、弱さの中にも強さがある人間もいます。片方だけの価値観だけでなく、両方必要なのですよということです。

高野山蓮華曼荼羅の世界

　要するに、町石道そのものが、真言宗で説く胎蔵界と金剛界の仏さまの世界であるといっているわけです。そうしますと、空海は現在の高野山山頂だけでなく、町石道も含んだ広い範囲での結界をしたことが考えられます。町石道は、ただの登山道ではありませんでした。高野山への登山道の町石道の道中は、すでに高野山だったのです。

　このことを図で示したものがあります（次頁の図参照）。後世の江戸時代の高野山の絵図ですが、"高野山蓮華曼荼羅"（日野西眞定師命名）というものです。高野山を１本の蓮華で表現しています。慈尊院は蓮華の葉で、そこから高野山上までの町石道を茎で表現して、高野山上の中心部を八葉の蓮華の花とし、奥の院を三弁の蓮華の花としています。

　この高野山蓮華曼荼羅にはいくつかの写本があります。その中の、高野山西南院のものには注目すべきことが中央の八葉蓮華の部分に記されています。「この上に一たび上がれば成仏疑いなし」とあるのです。高野山登山をすると、成仏（仏さまになること）するのですよ、と強調しているわけです。
　高野山は、この世の世界ではなく異界の浄土の世界といっているのです。
　高野山は、あの世の仏さまの世界だったのです。

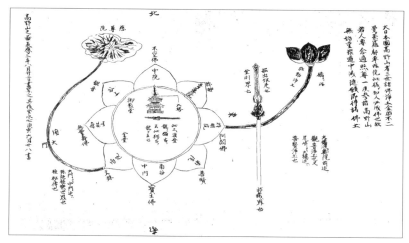

高野山蓮華曼荼羅（山口耕栄師所蔵、同師提供）

空海による高野山の仏教化

　もうおわかりかと思いますが、空海は、仏教以前の聖地としてあった高野山を上手に仏教化したのです。

　高野山上の中心に、地主神の丹生明神と高野明神を祀る社も、空海は建立しました。それまでの神様を排除するようなことはしませんでした。逆に、大事に祀ったのです。

高野山の中心の壇上伽藍に建立されている御社

　このことは、空海だけに限ったことではありませんでした。仏教以前の古来の神様は、比叡山で日吉大社が祀られているように、それぞれ地主神として大切にされました。

　空海を高野山へと導いたのは、狩人が連れていた2匹の犬でした。高野山では今でも犬を大事にしています。比叡山の日吉大社の神様の使いは、お猿さんです。動物が神々の使いとして活躍するのは高野山も比叡山も同じなのです。いずれにしましても、町石はいきなりできたものではなく、町石に先行する町卒都婆が平安時代にあって、それが元となってできたのでした。

❷ 木製から石造の町石へ

町石の形（58町石）

① 木製の町卒都婆から石造の町石へ

木製の町卒都婆の弱点

　平安時代から、木製の町卒都婆があったことは、平安時代の高野山町石道で述べました。それではなぜ、木製のものから石造の町石へと素材が変化しなければならなかったのでしょうか。

　その理由は、木製の町卒都婆の弱点があげられます。今も、そうですが、木製の卒都婆は 10 年もしない間に朽ちて破損します。地面に立てた木は時間の経過とともに腐ってしまい、破却します。

　このことから、平安時代の町石道にあった町卒都婆は、絶えず造りかえられていった様子が伺えます。

　確かに高野山は、木材は豊富にあります。そのために、町卒都婆 1 基の値段も安価だったことは推測されますが、造り直す度に、高野山の寺院側からすると、町卒都婆を建てる経費を出してくれるスポンサーが必要だったはずです。

　その町卒都婆の 1 つひとつの状態の確認と、町卒都婆を造立するためのスポンサー探しの大変さは、今でも十分に察することができます。

永遠性のための石造化

　そこで、町卒都婆を石にすれば、腐って建て直すこともなくなります。石には、永遠性が求められるからです。石は腐らないからです。それで、石造の高野山の町石を造立しようと思い立ったわけです。思い立った人物は、高野山の僧侶でした。それが、高野山遍照光院の覚斅という人です。覚斅の夢枕に空海があらわれて、町卒都婆を石造にするようお告げがあったと、

現在の高野山遍照光院

後世の史料にあります。

　町石が完成する以前の町石道に立つ、町卒都婆の状態を明確に伝える史料はありませんが、古びた町卒都婆は再興もできずに、さんさんたるありさまで、朽ち果てたものが、並んでいたことは想像できます。

　それだからこそ、覚斅は町卒都婆を石にしょうと思いついたものと考えます。

木製の時代から石造の時代へ

　ちょうど、高野山の町石ができる鎌倉時代は、木製のものから石造のものへと仏塔が転換する時期でした。鎌倉時代になり、いくつもの石でできた仏塔が全国的にできました。

　例えば、京都市高山寺の花崗岩製の笠塔婆には、天福元年（1233）に立てた木製の板卒都婆が朽ちたために、元亨２年（1322）に石造にして再興したと銘文にしています。大阪市四天王寺の石鳥居（国指定重要文化財）も、永仁２年（1294）に木製から石造にしたと伝えています。

　高野山の町卒都婆が石造となったのも、時代の最先端の流行があってのことだったのです。そうです。高野山の町石ができた理由は、時の流れがありました。町石の造立は、まさに時流に乗ったものでした。

　ただ鎌倉時代の石造物は、そんなにいっぱいあるわけではありません。

　古刹（古いお寺）だから必ずある、というものでもありません。あっても、１箇所に１つの石造物があるぐらいなのです。

　その点、高野山の町石は216基もの数になります。高野山の町石が全国的にすばらしいのは、まさにその数の多さからも指摘されます。

高野山登山者の増加

　また、鎌倉時代になりますと、高野山登山の人々は平安時代にも増して多かったことがわかっています。

　その鎌倉時代の高野山登山の様子を伝えるのが、高野山町石完成直前の、弘安２年（1279）から同６年（1283）にかけて著された『沙石集』（実話などを取材して、仏の功徳を説いたもの）です。

同書に、「有縁の亡魂（亡くなった縁者）の遺骨を彼の山（高野山のこと）に納ること、貴賤（身分の高い人と低い人）をいはず（いわず）、花夷（都と地方）を論ぜず、年に随て盛なり」とあります。

高野山登山者が増加する中で、古びた木製の町卒都婆から、新たな石造の町石へと、リニューアルしたことがわかります。

町石造立を思い立った覚斅

先に紹介した覚斅が夢みた空海のお告げが、本当にあったか否かは不明ですが、鎌倉時代中頃の文永2年（1265）3月に、覚斅は町石造立の「発願文」（神仏に願いを立てて行いに偽りがないことの趣旨を記したもの）を著しています。

このときから、覚斅による町石造立の勧進（寄付を募ること）の活動が始まりました。また、文永2年（1265）という年は、空海が高野山を開いてちょうど450年目の記念すべき年でもありました。

今の高野山でもそうですが、50年に一度高野山では、高野山開創記念の事業が執り行われています。

平成27年（2015）には高野山は、開創1200年記念を迎えます。高野山真言宗ではいろいろな記念事業を計画されています。

同様にといいますか、今行われている開創記念事業の先鞭をつけるように、鎌倉時代中頃の覚斅は高野山開創450年記念事業として勇躍、町石造立の勧進の旅へと出発したのでした。

覚斅の発願文

この文永2年（1265）の覚斅の発願文は、「高野山住侶（その寺に住む僧侶）覚斅、敬って白す（うやまって申し上げます）」と書き出して、「殊さら（特別に）、慈尊院より始め奥の院にまでの墾路（新たに開通した道）に立つ石町卒都婆二百十七基を都鄙（都と田舎）の壇主（寺院や僧侶に物をほどこす人）の鴻恩（大きな恩恵）に請い蒙る（お願いいたします）の状」で始まっています。

文中に、墾路とあることから、町石の造立に際して、町石道そのものも、

新たに広く整備したことが伺えます。このことは、今までの研究者からは、あまり指摘されていません。

　町卒都婆とともに、道自体もリニューアルされたのです。町石だけでなく、町石道の修理と拡張工事の経費も合わせて、勧進されたことがわかります。推測ですが、1基の町石には1町（約110メートル）分の道のリニューアル工事費を含んでいたものと考えます。

　また、発願文の文中に「石町卒都婆二百十七基」とあります。これには読者の方も、気づかれたかもしれません。先に高野山の町石が、慈尊院から根本大塔までが180基、根本大塔から奥の院までが36基と紹介しました。

　計算すると、180＋36＝216となります。217には1つ数が少ないのです。この点については、後述します。

　また、現在では町石といっていますが、覚斅自身は「石町卒都婆」と明らかにしていて、正しくはそういうべきであることも教えてくれています。

　いずれにしましても、覚斅は、全国へ町石造立の勧進の旅に出かけました。都会や田舎にかかわらず、全国の人々に高野山の町石の寄付をお願いしました。

　町石1基の値段は、わかっていません。有名な石造物の研究家は、今のお金に計算すると2億円から3億円はしたのではないかといわれています。

　この説が正しいか否かは見当もつきませんが、相当な経費は必要だったはずです。仮に2億円となると、2億×216基＝432億円となります。

覚斅とはどんな人だったのか

　それでは、町石造立を決心した覚斅とはどんな人物だったのでしょうか。

　覚斅は、教王上人（きょうおうしょうにん）ともいわれています。実は、町石を造立したということ以外には、ほとんどわかっていません。

　高野山内の塔頭（たっちゅう）寺院の1つの遍照光院の、第9代目の住職（寺の長である僧侶）であったことはわかっています。遍照光院は今でも、高野山にある52か寺の宿坊寺院（しゅくぼうじいん）の1つとしてあります。

　覚斅がいつ、遍照光院の住職になったのか。それも、明らかではありませんが、遍照光院の第7代目住職の観専（かんせん）という人が書いた、文永6年（ぶんえい）（1

269）3月22日付の遍照光院譲状に、「教王御房に譲り奉る所なり」とあることから、この日を以って覚斅は、遍照光院の住職となったものと考えられます。

文永6年（1269）といえば、まだ町石の勧進の真っ最中です。高野山の塔頭寺院の住職は日々、高野山で行われるいろいろな行事に出仕しないといけません。覚斅は、それらの出仕を免除されたといいます。

おそらく、覚斅は遍照光院の住職にはなったものの高野山にはほとんどいなくて、町石の勧進の旅の最中であったと考えます。

映画の「男はつらいよ」に出てくる寅さんのように、時々は高野山へ帰ってくるものの、ほとんど毎日を旅の空の下で過ごしていたのではないでしょうか。

覚斅の師匠良印

それでは、7代から9代の覚斅にいったとなると、第8代目の遍照光院の住職はどうなっているのかが問題となります。その遍照光院の第8代目の住職が、良印上人聖信房という人でした。

遍照光院の第7代目住職の観専は、いつのことかはわかりませんが、覚斅に遍照光院を譲り渡す前に、良印に住職を譲っているのです。

ところが、遍照光院を譲り請けた良印が死亡したために、観専は良印上人の後継ぎとして覚斅に遍照光院を譲ったのでした。

上記の文永6年（1269）3月22日付の遍照光院譲状には「良印上人に渡し奉るといえども、他界」とあります。良印は遍照光院の第8代目の住職になったものの、早くに死亡したと思われます。

昔の僧侶は結婚できませんでしたので、後継ぎは自分の子供ではありません。お寺の後継ぎは、住職の弟子の中でも優秀な者が指名されました。良印が亡くなったのがいつなのかは不明です。遍照光院は一時、住職が不在という時期があったとされています。

良印の影響で覚斅は町石の造立を思い立ったか

実は、この遍照光院の第8代目住職の良印という人も、覚斅以上に高野山

では知られた人物でした。

　この良印のことを、この当時の人々は実名では呼ばずに、"大塔上人"とニックネームで呼んでいました。

　大塔とは、先に紹介したとおり、高野山の中心に建つ根本大塔のことです。高さ16丈（約48m）の木造の塔です。高野山では最も大きい塔です。

　根本大塔は、度々罹災して、その都度再建と修復を重ねていきます。鎌倉時代の初めには、平清盛が造営した根本大塔が立っていましたが、破損していて修復の必要がありました。

　そこで、根本大塔の修理の勧進を思い立ったのが良印でした。鎌倉時代の貞応元年（1222）、良印は全国に大塔修理の勧進に旅立ちました。朝廷や鎌倉幕府にも、良印は勧進を願いました。

　幕府の執権の北条義時からは、大塔修復のための荘園が寄進されたといいます。

　そして16年後の暦仁元年（1238）、大塔修復の落慶供養を良印は迎えるのです。覚斅は、その良印の弟子でした。

　覚斅が町石の造立を思い立ったのも、師匠である良印の影響が大きかったことが考えられます。

　覚斅は、良印の大塔修理の勧進の旅に同行したのではないでしょうか。

　そのとき、覚斅は鎌倉幕府の重臣や、朝廷の有力貴族たちとも、良印とともに面談したことも十分に考えられます。

　覚斅は町石の勧進に際して、この良印に付き従い培った朝廷や幕府の偉い人たちとの人間関係をフルに活用したのではないでしょうか。

　覚斅は、師匠の良印に続けと町石の造立を思い立ったのではないでしょうか。

81町石と町石道

① 木製の町卒都婆から石造の町石へ　　39

② 高野山町石の完成その1

一番はじめに建てられた町石

覚斅(かくぎょう)による町石の勧進は、文永2年（1265）3月からは始まりました。

その後、高野山の町石はいつできあがったのでしょうか。216基に及ぶ木製の町卒都婆は一瞬にして石造の町石へと変遷したのでしょうか。

実は、一度にすべての町石ができたのではなくて、順不同にぽつぽつと少しずつ町石となっていった様子が伺われます。覚斅による、町石寄付金の募金活動も容易に進まなかったのです。

在銘最古の町石。奥の院側23町石

高野山の町石で一番古い年月日があるのが、奥の院側にある23町石で、文永3年（1266）2月15日とあるものです。覚斅が勧進活動をはじめて1年ほどでようやく1基の町石ができたことになります。

この他に、文永3年（1266）の年号があるのが、奥の院側35町石の12月28日とあるものと、161町石の10月4日のものと、残欠品ですが「文永3年」の年号を残すものが高野山の塔頭寺院の三宝院にあります。

これらをあわせても、文永3年（1266）の町石は僅か4基を数えるだけです。

文永2年から20年目で完成した高野山の町石

町石に刻された年号を検証しますと、文永3年（1266）以降では、同4年（1267）・同5年（1268）・同6年（1269）・同7年（1270）・同8年（1271）・同9年（1272）・同10年（1273）・同11年（1274）・同12年（1275）、弘安元年(こうあんがんねん)（1278）・同4年（1281）が見られます。

年号がない町石もありますので、その他の年には建てなかったとは断言できません。

町石の完成式は、弘安8年（1285）10月21日のことでした。そうなりますと、その弘安8年（1285）10月21日までには、すべての町石はできあがっていたことになります。逆をいえば、弘安8年（1285）10月21日にようやく完成式をあげることができたわけです。

覚斅が町石造立のための募金活動をはじめた文永2年（1265）から、20年が経過していました。実に、生まれたばかりの赤ちゃんが成人式を迎えるまでの時間が必要だったのです。

高野山の町石の大きさ

次に、鎌倉時代に完成した高野山の町石についてその大きさや構造などについて紹介します。その形は、細長い柱のような方柱状となっています。先端は方形の地輪・球形の水輪・三角の火輪・半球形の風輪・団形の空輪の五輪塔で、長い方柱状の柱がその五輪塔を頂いたような形態となっています。このタイプの石塔を専門用語で、"五輪卒都婆"といいます。

高さは、五輪塔部分が80cmほど、その下の長い方柱状部分が150cmほどで、合わせると2m30cmにもなります。幅と奥行きはそれぞれ30cmほどで、いかに細長いかがわかります。

これほどの大きさの石塔を建てるには、地中に埋め込むための根の部分が必要となります。その地中に埋められた根部も地上に出ている柱の部分と同様に長い方柱状となっています。根部は地面からは見えない部分ですので、表面の彫刻は荒い造りとなっています。長さは1mほどあります（実測図参照）。

これは、方柱状の部分の半分から上が

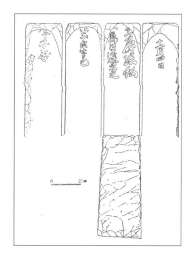

慈尊院側6町石の残欠の実測図。下方部と根部を残こす

なくなった町石です。根部は元のままに残っています。いかに長い根部があるかおわかりになると思います。

　そうです。高野山の町石は地上部分が2m30cmで、さらにその地下には1mも埋もれている部分があるのです。その両方を足し算すると、3m30cmにもなります。それは、いくつかの石を組み合わせたものではなくて、1つの石からできた、一石彫成の石塔となっています。

　これほどの大型の町石は216基という全体の量からも、質量ともに他では見られない大規模なものなのです。

高野山の町石の銘文の配置

　町石の上部にある五輪塔の正面には、5つの各部分の下から梵字の「ア」「バ」「ラ」「カ」「キャ」が刻されています。町石の中には、地輪部分の梵字の「ア」の下に五輪塔部分と方柱状部分とを区別する横の線を刻するものも、少しですがあります（写真参照）。

　方柱状の正面上部には仏さまをあらわす梵字があり、その下には「・・・町」とその町石が何町石なのかを明らかにしています。さらに、その町数の下に、その町石を造立した施主の名前があります。

五輪塔と方柱状部分を区別する線を刻する町石（奥の院側30町石）

方柱状部分の左右の側面には、その町石を造立した目的とか、造立した年月日が刻されます。

　ただ、これらの鎌倉時代の造立当初の町石の銘文の配置は、高野山の町石の全体の中での一般的な事例です。中には、方柱状部分の正面の施主の名前がなくて、左右の側面にあるものや、年月日がないものや町石の造立の目的がないものなど、細くいえば、さらにいろいろなパターンがあります。

　すべての町石に共通するのは、方柱状の正面上部にある仏さまをあらわす梵字と、その下の町数が刻されていることです。それと、方柱状の部分の背

面は銘文がないことです。高野山の町石の背面は高野山登山者からは、見えない部分です。見えないところにわざわざ銘文を刻することはしなかったわけです。

　銘文とは、広く一般に見てもらうために施されたものなのです。

　ただ、これも一部例外があります。奥の院側の24町石と157町石と176町石の3基は、銘文全体が長文のために背面を利用して銘文を刻しています。

　そして、町石そのものを詳しく検証し

奥の院側の24町石

ますと、41頁の「高野山の町石の大きさ」で述べました町石の構造にかかわることですが、背面の表面の加工が正面と左右の側面と比べますと、若干荒い仕上がりとなっています。これは専門用語で、「荒たたき」といいます。

　背面の見えない部分は、省略した造りとしたことがわかります。

鎌倉時代の高野山の町石の銘文を書いた人

　町石の銘文の筆者については、平安時代中頃の藤原行成（972～1027、小野道風、藤原佐理とともに三蹟の一人とされる和様の書の大成者）を始祖とする書道の流派の世尊寺流の9代目の藤原経朝ではないかと推定されています。経朝は文永6年（1269）には正三位になっています。上級の貴族の一人でした。

　世尊寺流の書風は、平安時代から鎌倉時代にかけて中心的な位置にありました。藤原経朝の書風は太く独特のものがありました。高野山の町石の銘文の中で、力強い太い文字がありますが、これ

179町石の銘文
「陸奥守平朝臣時茂」

などが該当するものと考えます（179町石の銘文写真参照）。

　高野山の町石の作成に際して、藤原経朝は高野山へ来たことがわかります。後で紹介しますが、九度山町の慈尊院付近で形ができあがった町石の表面に、経朝は墨で銘文を書き上げていったのです。

　それを今度は、石造物を造る職人の石大工（昔は木造建築に限らず、金属工芸などのすべての製作者のことを大工といいました。石を材料とする職人は石大工といいました）がノミで文字を彫り上げていったのです。当代の一流の書道家により高野山の町石の銘文の文字が成ったことがわかります。

　鎌倉時代の石造物に施された銘文の書風はそれぞれに特色があって、その後の時代の南北朝・室町時代のものと比べると美術的ともいえるほどのものばかりですが、その中にあって、この藤原経朝による大書の銘文が刻された石塔は他では見ることができません。

　藤原経朝は鎌倉幕府の有力者とも親交がありました。後で紹介します幕府の有力御家人の安達泰盛とも親交がありました。この当時の高野山にとっても、安達泰盛は有力なスポンサーでした。

　町石を建てるに際して、安達泰盛から藤原経朝へ働きかけがあったことも容易に考えられます。

　ただ、藤原経朝は町石造立の途中の建治2年（1276）に死去しますので、すべての町石の銘文が経朝の書とはいえません。建治3年（1277）から町石が完成する弘安8年（1285）までの町石は、別の人物が銘文を書いたことになります。

　そのことを実証するように町石の中には、書風が違う細字の銘文も存在します。これなどは、藤原経朝ではなく、別の人物の書と考えられます。藤原経朝の後を継いだのが子供の藤原経尹という人物です。

　この人が、高野山の町石の銘文の筆者も受け継いだのでないかと考えます。

細字の銘文（奥の院側の24町石）

鎌倉時代の高野山の町石の梵字を書いた人

　次に、町石の梵字の筆者ですが、小川僧正真範という人だと江戸時代の中頃に編纂された高野山の歴史を綴った『高野春秋編年輯録』にあります。梵字を書ける人はお坊さんですので、僧侶であることには間違いありません。僧正とはお坊さんの位ですので、その点からもそういえます。この人物については詳しいことはわかりません。人名は、真範でなくて信範であろうという説もあります。

「ウーン」の梵字（37町石）

　信範であれば、一人そのひとだと考えられる人物がいます。ちょうど高野山の町石が造立されていた鎌倉時代中頃の人で、高野山塔頭寺院の正智院の住職だった道範の弟子の信範です。

　信範は『悉曇字記聞書』（悉曇とは梵字のこと）など梵字に関する著作をいくつも残し、中国の音韻学（漢字の音韻を研究する学問）の研究者としても有名な人物でした。

　この当時の日本人の世界観はインド・中国・日本がすべてでしたので、いわば信範は現在でいうすべての言語を研究する言語学者でもあったのです。

　信範は、鎌倉時代の貞応2年（1223）の生まれで、永仁4年（1296）頃に死去したとされています。高野山町石造立の頃は、学者として最盛期の頃だったはずです。町石が完成するのが永仁4年（1296）より前の弘安8年（1285）ですので、町石の梵字は信範が一人で書いたものと考えられます。

　先の銘文のところで述べまし

現在の高野山正智院

たように、できあがった町石に信範が墨で梵字を記したものを、石大工がノミで彫り上げていったのです。

このように、町石の梵字と銘文については、いわば当時の日本一の人が選ばれたことが推察できます。できあがったばかりの町石を見た人々が、これが藤原経朝の文字で、梵字はあの有名な信範ものかと、感嘆した様子も想像できます。

2つのタイプに分けられる鎌倉時代の高野山の町石

高野山の町石をもう少し詳しくみてみますと、上部にある五輪塔の違いにより、大きく2つのタイプに分けられます。

1つのタイプが通常の五輪塔の形そのままのものです。もう1つが、五輪塔の上から2番目の部分の風輪の下端が3番目の部分の火輪の上端に喰い込んだものです（写真参照）。

この風輪の下端が火輪の上端に喰い込んだタイプを、"噛合せ五輪塔"といいます。

全国的に見て、この噛合せ五輪塔の数は極めて少なくて、特異な形態です。その遺品を紹介しますと、石造では大分県臼杵市中尾の嘉応2年（1170）と承安2年（1172）の在銘品と無銘の3基と、和歌山県那智山奥の院五輪塔、福岡市箱崎地蔵松原の正平21年（1366）板碑に線刻の五輪塔の、都合5点しかありません。石造以外では、金属製の五輪塔などで6点ほどが知られているだけです。

噛合せ五輪塔（67町石）

高野山奥の院の噛合せ五輪塔の一例

ところが高野山では、噛合せ五輪塔は町石をはじめ奥の院を中心とする鎌倉時代の五輪塔の中では残欠品を含めますと相当数をみることができます。このことの意味することはなんでしょうか。

考えられることは、五輪塔を造った人が2系統あったのではないか、ということです。

高野山における石造の五輪塔が一般化してあらわれるのは、町石が造立された鎌倉時代の文永・弘安期（1264～1288）からです。

高野山奥の院の噛合せ五輪塔

町石の造立が、それ以降の高野山における石造五輪塔の造立に影響を与えたことが十分に考えられます。

町石を造るに際しては、一流の石造物を造る職人（石大工）さんが弟子をともなって高野山か高野山周辺に来たはずです。町石が完成した後も、それらの職人さんの中には高野山に残って石造物の作成にかかわった人もいたはずです。

そうであったからこそ、高野山の五輪塔の中に噛合せ五輪塔とそうでない五輪塔の2種類が、今に残っているのではないかと考えます。

高野山の町石の石材はどこから運ばれたのか

鎌倉時代の創建当時の高野山町石の石材は、花崗岩です。この岩石の色は白色で、黒いごまのような点点がある、固く美しい石材です。特に、造立当初の高野山の町石のほとんどが、白色の基調の中に桃色をしたものが入った桃色花崗岩です。

この花崗岩は、兵庫県神戸市の御影を産地とします。御影は花崗岩の代名詞ともなっています。古くから花崗岩を出していたところとして有名です。

高野山の周辺からは、花崗岩は産出しません。高野山の町石は、遠く御影より運ばれてきたのです。

おそらく石材は船を利用して、瀬戸内海から大阪湾を経由して紀の川の河口へと運び込まれて、さらに船で高野山の山麓の紀の川畔の九度山町の慈尊院付近に荷揚げされたと考えられます。
　そう考えるのは、陸路では大型の荷物の搬入は困難だったからです。エンジンなどの動力のない時代は、船に勝る便利な乗物はなかったのです。
　また、一部の鎌倉時代の高野山町石の中には、御影産の花崗岩の特色の桃色がないものがあります。この種の花崗岩は瀬戸内海の小豆島等から産出します。
　なぜ、このような産出地の違いがあるのか理由はわかりませんが、花崗岩の石材の産出地がこの当時御影だけでなく複数あったことだけは指摘されます。

町石を造った石大工は誰

　それでは、この高野山の町石を造った石大工は誰なのでしょうか。
　大変残念なことですが、高野山の町石を造った石大工の名前はわかっていません。これほどの大々的な石造物群で全国的にも一番の町石ですが、誰が造ったのかは不明なのです。これほどの事業を成し遂げた人物（石大工）とはいったい誰だったのでしょうか。
　一つ手がかりになることがあります。それは、高野山の町石が花崗岩である、という点です。花崗岩は固くて、それまでの鎌倉時代以前の技術では細工が難しかったとされています。石材としては、花崗岩の他では和歌山県に隣接する奈良県葛城市の二上山からは凝灰岩という石が取れます。この石は花崗岩と違って軟らかい石です。そのため、耐久性が弱いとされていますが、古い時代は二上山の凝灰岩が使われていました。
　そういう中で、高野山の町石は花崗岩を使用しているのです。

奈良にいた伊派の石大工

　そこで考えられることは、わざと固くて丈夫な石材である花崗岩を選んで町石としたのではないか、ということです。
　鎌倉時代初めに、それまで使われることがほとんどなかった花崗岩を材料

として、石造物を造った石大工がいました。それが奈良を拠点として活躍していた"伊"を苗字とする伊派の石大工です。

この伊派石大工は、伊行末という人を始祖とします。伊行末は鎌倉時代の初めに中国の宋から渡ってきた中国人の石匠でした。ちょうど、奈良の東大寺の再建事業が行われたときに、外国からの技術者として日本に招かれたのでした。伊行末の子供が、伊行吉といいました。

高野山の町石が造られる頃に活躍していたのが、伊行吉とその後を継いだ伊末行です。想像の域を出ませんが、高野山の町石を造ったのは、この伊末行と伊行吉ではないでしょうか。

花崗岩という固い石に、伊派の石大工は石材としてあえて取り組んだことが指摘されています。高野山の町石は、外国のからの技術を取り入れた当時一流の技術者である、伊派の石大工により成ったのではないでしょうか。

外国人技師として日本に来て、そのまま異国の地の石大工として活躍した伊行末の技術はその後、南北朝時代の終わり頃まで子孫へ伝承されました。

町石が加工された場所はどこ

町石の花崗岩の石材が荷揚げされた場所は、高野山麓の紀の川畔の慈尊院付近であろうということ、町石を造った職人さんも高野山か高野山周辺に来て作成したであろうことも述べましたが、もう少し詳しくそのことについてみてみます。

高野山麓の慈尊院は、高野山への正面玄関の入口で、高野山に上がる物流のすべての拠点でもありました。今の慈尊院から北へまっすぐに数百メートル行くと、紀の川へとぶつかります。

その慈尊院付近の紀の川畔は嵯峨浜といわれます。

嵯峨浜の地名の由来は、嵯峨天皇が嵯峨浜から高野山登山をされたからだと伝承されています。嵯峨天皇が高野山登山をしたという

嵯峨浜より見た紀の川

記録はありませんので、史実ではありません。

　ただ、そこでいえることは、この嵯峨浜付近が古い時代の船着場であり、高貴な人々の高野山登山も、ここから始まっていたことを伝えていることが考えられます。

　現在、紀の川にはいくつもの橋がかかっていますが、古い時代には橋はありませんでした。船で行き来するしかなかったのです。

嵯峨浜の港

　嵯峨浜付近の紀の川の川中は川砂が盛り上がっています。天然の良港として、大変好都合であったことが考えられます。船から荷揚げされた荷物は、まず嵯峨浜付近の紀の川へと運び込まれて、さらにコロ引きで嵯峨浜地区へと荷揚げされたものと考えます。

　それでも、船からの荷揚げに失敗したのでしょうか。

　現在の慈尊院の境内には、嵯峨浜付近の紀の川の川中より出土した江戸時代の大型の五輪塔があります（写真参照）。

　この五輪塔の石材は砂岩（さがん）です。

　砂岩は大阪府の南部の和泉地方から産出します。

慈尊院境内にある紀の川底より引き揚げられた江戸時代の大型の五輪塔

　江戸時代は、砂岩の産出地で造られたものが高野山へと運び込まれたものと考えます。それでは、鎌倉時代の町石はどこで造られたのでしょうか。

　鎌倉時代の古い時代は花崗岩の原石が嵯峨浜へ運び込まれて、嵯峨浜付近で石大工が加工したものと考えます。そう考える理由は、いくつかあります。

　嵯峨浜に住む片山哲三（かたやまてつぞう）さんのお宅では、元は石塔を造っていたという伝承があります。同宅の敷地には、花崗岩が散在しています。

　さらに、同宅付近の嵯峨浜からは、ノミの跡が残る花崗岩の加工破片がいっぱい出てきます。

花崗岩の原石

さらに、このことを裏づける注目すべき遺物があります。現在の慈尊院の門前に町石の石材と同じ桃色花崗岩の原石があります。寸法は、高さ90cm・幅130cmの方形です。

その原石には、石を切り出す際に付けられた矢穴の跡があるのです。矢穴とは、石を切り出すときにノミで付ける方形の小さな穴のことです。これを点線のように原石につけてそこから割るように石を切り出します。切り取り線のように岩盤に付けて切り出すわけです（右上写真参照）。

この原石は、遠く神戸の御影から運び込まれたものの、荷揚げに失敗して紀の川へ落ちたものと考えます。先に述べました紀の川の川中より出土した江戸時代の五輪塔と同じ場所から出土したものです。

今の嵯峨浜地区は静かなところです。

目の前には紀の川が悠々と流れて風光明媚ですが、かつては高野山登山の人々や、高野山への物流の拠点としてにぎやかだった様子が思い浮かびます。

ここに立ち目を閉じると、高野山登山に向かう人たちと高野山からの帰路の人たちであふれかえる大勢の人たちと、高野山上へ運び込まれる物にあふれている様子が見えてきます。

高野山へと運ばれる石塔も、鎌倉時代は嵯峨浜で加工されたと考えます。

町石も嵯峨浜で加工されたものと考えます。

慈尊院の門前にある紀の川の川底より出土した花崗岩の原石

高野山奥の院で最大の五輪塔

町石道から運ばれる大型五輪塔の地輪
（『紀伊国名所図会』）

③ 高野山町石の完成その2

高野山の町石の下からは宝物が出る

　高野山の町石の下からは宝物が出てくるという伝承があります。このことは、これまでに町石の下から金銀財宝が出土したことを、今に伝えているのかもしれません。

　残念ながら金銀財宝のお宝ではありませんが、町石の下から仏教の経典の文字（経文といいます）を書いた石（経石といいます）が出ているケースが確認されています。

　37町石の下からは、300個ほどの経石が出土しました。その形は3cmから10cmほどの丸みを帯びた扁平な河原の石です。石の表面に、墨で経文を書写しています。筆で、書いているのです。

　1つの石に、大きいものには一面に8行ほどで、側面や裏面にも書写しています。37町石の他では、42町石と51町石からそれぞれ1個ですが、出土しています。

　一口に仏教の経典といいましても、その数は膨大にあります。点数にして、5,000点以上もあります。その中で、町石の下から出てきた経石は、「金光明最勝王経」という経典が記されていました。

　この経典は、国家を鎮めて護る（鎮護国家）ことに、大変ご利益があるとされています。

経石が埋納されたのはなぜ

　なぜ、町石の下に、国を護るお経が納められたのでしょうか。

　そこで思い起こされることがあります。高野山の町石が造られた鎌倉時代中頃の文永・弘安年間の社会情勢です。

　この当時の日本は、中国からの蒙古軍の襲来で国内が大変な時期でした。第1回の蒙古襲来は文永11年（1274）で、第2回の蒙古襲来が弘安4年（1281）でした。ちょうど、高野山の町石が造立される最中です。

　問題は、すべての町石の下に同様に「金光明最勝王経」という経典の経石

があるのか否かです。それを確かめることはできませんが、高野山の町石の造立に際して、国を護る経石が埋納されたことは注目されます。当時の鎌倉幕府は執権の北条時宗を中心として蒙古軍に立ち向かいます。朝廷から全国の神社仏閣に、敵国降伏を祈るよう通達が出ます。国内は一丸となって外敵に立ち向かいました。高野山の町石の造立は、そのような緊迫した社会状況の中で行われたのです。

　おそらくは、町石を造るに際して、蒙古軍から我が国を護るために経石が納められたことが考えられます。地上に現れた銘文にはそのような目的は記されていません。町石の造立には、秘めた願いである国を護る鎮護国家の目的が底辺としてあったのです。

　また、経石に河原石が使用された理由ですが、これは川の水で角がとれて丸みをおびた河原石は、清浄なものという考え方がありました。古い時代の墓地に敷き詰められる石も、河原石が用いられています。角がとれた石は清らかな石と思われていたのです。

　仏教の教えを記した経典も清浄なものでした。清浄な文字を記すには、同じく清浄な石が必要だったのです。石であれば、町石が造立される理由と同じで永遠性があります。紙はもろいですが、石は丈夫で腐りません。そのために、わざわざ石に経文が記されたのです。

経石の石材は緑泥片岩

　さらにこの経石について考えますと、重要なことに気がつきます。経石は緑泥片岩という岩石が石材です。この石材は紀の川流域で取れます。その他では、遠方では関東の秩父地方や四国の徳島県、九州の長崎で採取されます。

　ちなみに、高野山及びその周辺において緑泥片岩で石塔を造るようになるのは、鎌倉時代末からです。町石が造立される頃は石塔として使用されていませんでした。

　河原石の緑泥片岩製経石は、町石が加工された高野山麓の慈尊院付近の紀の川で採取されたものと考えます。経石に記された経文も慈尊院付近で記されたものと考えます。なぜならば、何百個もの石を遠方にまで運ぶようなこ

とは考えられないからです。

　そうなるとさらに問題が派生します。実際に、経石の経文を書いた人は誰だったのか、ということです。高野山の町石はそれぞれスポンサーとなった施主がいます。普通に考えると、その町石に納める経石も、その町石を造立したスポンサーの手により記されたとするのが妥当です。

　この仮説が正しければ、町石の造立に際して、町石のスポンサーたちは高野山と高野山麓の慈尊院まで来て経石の経文を書いた、ということになります。この点についても、これまでの研究家は誰も触れていません。

　先に述べたとおり、すべての町石に経石が入っているかどうかはわかりませんが、3つもの町石から経石が出た以上は、相当数の町石にも経石が納められているものと考えます。すでに述べたとおり、町石の造立にはかなりの経費が必要だったことが考えられます。町石のスポンサーとなった人は、お金だけを出して、完成した町石を、見ないことはなかったはずです。

　あくまで推定ですが、石大工により町石が地面に押し立てるまでに完成すると、その町石のスポンサーは高野山麓の慈尊院へ来て、紀の川で緑泥片岩の河原石を拾い、「金光明最勝王経」の経典を経石に写しとったのではないでしょうか。

　後で述べるように、高野山の町石のスポンサーは、その頃の上皇や鎌倉幕府の最高権力者の執権が名を連ねています。

　立場上、高野山登山ができなかった人も、自分の代理を立てて自らのやらねばならない写経を成し遂げたのではないでしょうか。

　そして、町石のスポンサーによる経石もできあがった後に、町石は順次建てられていったのではないでしょうか。

古さでは全国でナンバー4の高野山の町石

　1町ごとに立てられる町石は、高野山だけに限られたものではありません。江戸時代の遺品を含めると、全国の寺院の中に相当数のものがあります。ただ、鎌倉時代から安土桃山時代までの古いものとなりますと、限られてきます。その中で、高野山の町石は古さでは全国で4番目です。

　一番古いとされるのが、熊野本宮への熊野街道の町石です。ここには

300町に及ぶ300基の町石があったとされます。現在、その町石の1つとされる石塔が和歌山県西牟婁郡中辺路町と、同県東牟婁郡本宮町に3基残っています。

　町数はありませんが、いずれも笠塔婆という笠をかぶった形態の石塔で、鎌倉時代の延応元年（1239）・寛元3年（1245）・宝治2年（1248）の年号があります。高野山の町石より20年ほど以前の遺品です。

　2番目に古いとされるのが、大阪府箕面市の勝尾寺の町石です。銘文はありませんが、その形態は高野山の町石と同じ五輪卒都婆です。36町の参道に1町ごとに建てられています。鎌倉時代の創建当時のものは8基だけです。年号はありませんが、同寺の記録に鎌倉時代の宝治元年（1247）に建てたものとあります。高野山の町石ととてもよく似ています。

　3番目に古いとされるのが、三重県上野市の補陀落廃寺の町石です。廃寺とありますように、今ではお寺はありません。町石だけが残るお寺です。10基の町石を残しています。

　形態は、板状の自然石の石（この形態を板碑といいます）で、2基のものに鎌倉時代の建長5年（1253）の年号があります。高野山の町石より10年ほど前に建てられた町石です。

　それで、4番目に古い町石が高野山の町石となります。最古ではありませんが、216基もの数を造立したその規模からいえば、ナンバーワンといえます。3基や8基、10基の規模どころではないのです。

　しかも、木製の町卒都婆のことを記録する史料では、先に述べた寛治2年（1088）の白河上皇の高野山登山の記録の『寛治2年白河上皇高野御幸記』が最も古い記録なのです。石造となるには若干遅くはなりましたが、木製の町卒都婆としては高野山の町卒都婆が最も古い可能性があります。

　町石の起源は、高野山であったとも推定できることになります。

高野山町石の完成式（開眼法要）

　高野山町石の完成式というべき法要は、弘安8年（1285）10月21日に町石の開眼法要という形で行われました。開眼法要とは、新しくできた仏像

に仏の魂を迎え入れる法要のことです。

その法要の導師を務めたのが、このときに高野山の座主(一寺の事務を統括する寺院の代表者)であった、京都東寺の長者(首長のこと)の勝信でした。古い時代の高野山の座主は東寺長者が兼務していました。勝信は関白九条道家の子供です。京都勧修寺長吏(首長のこと)、奈良東大寺の別当(寺の事務を統括する寺院の代表者)なども歴任しています。

勝信はこの当時の宗教界の大物でした。高野山の町石の180町石の造立もしています。

開眼法要は、150人もの僧侶が集まって行われました。法要の中身は、大曼荼羅供というものでした。金剛界・胎蔵界の仏さまを供養するもので、新しくできた仏像の開眼法要や、お堂の落慶法要などのときに行われます。まさに町石の完成式にふさわしい法要が行われたのでした。

覚斅が町石を造立した本当のねらい

この法要のとき、町石の勧進に全国を奔走した覚斅が町石の供養願文を読み上げています。20年に及ぶ辛苦を経て町石の供養願文を読み上げた覚斅は、感激に涙したものと思います。

「仏弟子覚斅」と始まるその願文には、「林材においては、歳を送れば腐れ易し、うるわしき山石においては劫を歴れども、かがやきのかげりなし。これにより、すなわち堅固の石心をおこす」と述べています。

覚斅は、単に町石の永遠性をねらって木製から石造の町石を造ろうと思い立ったわけではないことが指摘できます。町石造立の本当の目的は、人々に「堅固の石心をおこす」ことだったのです。石心とは、石のように堅固で、簡単には曲げることのない志のことです。

高野山登山の人たちに町石を見せることで、石の強さを見てもらい、そのことで堅固な石のようなゆるぎのない信仰心を持ってもらいたい、という願いが覚斅にはあったものと考えます。

謎の奥の院側の37町石

先に高野山の町石が、慈尊院から根本大塔までが180基、大塔から奥の

院までが36基で、180＋36＝216となり、町石の発願文(ほつがんもん)に記されている217には1つ数が少ないことを前に述べました。

慈尊院から根本大塔までの180基はそれでいいのですが、問題は根本大塔から奥の院の御廟までです。

37町といいながら、御廟の側に立つ最後の町石は36町石なのです。高野山の町石は、木製時代の町卒都婆時代のそのままに石造として造立されていますので、現在の1基足りない状況が木製時代のそのままであったことになります。

先に述べた『寛治2年白河上皇高野御幸記』には、「大塔から奥院の御廟までは36町あって、1町ごとに卒都婆が立っている」と記しています。そうなると今の36町の36基で問題ないことになります。

しかし、これも先に述べたことですが、根本大塔から奥の院の御廟までが金剛界曼荼羅(こんごうかいまんだら)の37尊の仏さまをあらわしています。

1基足らない理由はどこにあるのでしょうか。

1つ考えられることは、弘法大師空海の御廟そのものを37番目の仏さまとしたのでは、ということです。37番目の仏さまは、金剛界の中心にいらっしゃる大日如来(だいにちにょらい)です。

大日如来という仏さまは、真言宗の教えの中心です。真言宗では、仏教を開いたお釈迦さまは大日如来という真理の仏さまから悟りをいただいたとします。大日如来は、金剛界と胎蔵界のそれぞれにいるとしています。いわば取(とり)（最後に演じる呼び物の人）の仏さまなのです。

空海は、御廟で金剛定(こんごうじょう)という瞑想に入っているとされています。真言宗では即身成仏(そくしんじょうぶつ)といって、生きているうちに仏となることを主張する教えです。空海の伝記には、宮中で生きながらにして大日如来となった逸話を載せています。そうすると、37町石の大日如来を空海自身の御廟としたことも納得されます。

金剛界の37町は、実際は短い距離だった

1町の距離は、メートルに直すと、約110mになるとは先に述べたとおりですが、高野山頂の金剛界(こんごうかい)の曼荼羅をあらわす36基の町石の1町ごとの

距離は、110 m もありません。実際は 80 m ほどしかありません。

　これは、金剛界の 37 尊の仏さまをあらわすために、わざと距離を短くしているのです。このことは、古い文献にも明記されています。

胎蔵界の 180 町の 1 町ごとの距離は

　それでは、胎蔵界の曼荼羅をあらわした慈尊院から根本大塔までの 180 町の 1 町ごとの距離はどうでしょうか。

　これについては、各町石の間隔の平均が 111.3 m とわかっています。胎蔵界の曼荼羅の 180 基は、ほぼ 1 町ごとに立てられています。逆をいえば、今に残る 180 町石が造立された地点は、実は正確な計算の裏づけによることが指摘されます。

　ただ、これも前述のとおり、平安時代の中頃にさかのぼる木製の町卒都婆時代の 180 町の卒都婆は、かつらぎ町天野の旧福井村に立っていたのではないかと推定しました。

　この仮説が正しければ、今は 1 町ごとにほぼ立っている胎蔵界の町石も、かつては短い距離であったことがわかります。180 町ではなくて 130 町ほど短くなってしまいます。

　そうなるとさらに問題が生じます。そのような短い距離になぜ、180 尊の胎蔵界の曼荼羅の仏さまを当てないといけなかったのか、ということです。金剛界の曼荼羅の仏さまは 37 尊でその理由も合致しますが、胎蔵界の曼荼羅の仏さまの数は 410 尊あって、180 に一致しません。

　1 つの可能性を紹介します。180 の数となった理由ですが、先に高野山頂の金剛界の 37 尊の 1 つの距離が 80 m ほどと短いことがヒントになります。その 1 町分の 80 m を天野の福居辻堂までで計算すると、どうも 180 町となりそうなのです。

　1 町を 80 メートルとして計算すると、180 × 80 ＝ 14,400 メートルとなります。次に、現状の距離の 130 町分を 1 町 110 メートルで計算すると、130 × 110 ＝ 14,300 メートルとなり、両者はほぼ合致します。

　詳しくはさらに調査研究が必要ですが、180 の数となった理由をそのように推理します。

❸ 町石を建てたスポンサーたち

奥の院側1町石付近。根本大塔と金堂を見る

① 高野山町石のスポンサーたち

高野山町石を建てたスポンサーたち

　町石にはそれぞれに建てたスポンサーがいることは、先に述べたとおりです。スポンサーを難しい言葉でいうと、"施主(せしゅ)"になります。町石を1基建てるには、今のお金にして数億円が必要という研究者がいることも紹介しました。当然のことですが、財力がなければ町石の施主にはなれなかったのです。

　ここで、高野山の町石の主だったスポンサーを紹介します。最初に朝廷側からの町石の施主の名前をあげてみます。人名の後ろの（ ）の中に、役職名と施主となった町石をあげています。奥の院側の1町石から36町石には、奥の院側と明記しました。

　なお、町石に刻まれた銘文には出家して名乗る法名(ほうみょう)（戒名）だけを記したものがあります。それらの町石スポンサーを該当させたのは、系図を中心とした後世の史料によっています。それで、一部の人物には推定によるのものも含んでいることをご了解ください。

上皇をはじめとする貴族のスポンサーたち

後嵯峨上皇(ごさがじょうこう) （第88代天皇　奥の院側2・3・4・36町石）	
藤原資季(ふじわらのもとすえ) （権大納言(ごんだいなごん)　奥の院側26町石、120町石）	
藤原知継(ふじわらのともつぐ) （少納言(しょうなごん)　86町石）	二条為氏(にじょうためうじ) （権大納言　64町石）
和気経成(わけのつねなり) （織部正(おりべのしょう)　28町石）	藤原景俊(ふじわらのかげとし) （左衛門尉(さえもんのじょう)　127町石）

有力貴族出身のお坊さんのスポンサーたち

　次に、有力貴族の子弟でお坊さんとなった人で、町石の施主となった人たちを紹介します。

勝信（関白九条道家の子供　180町石）	道賢（中納言久我道嗣の子供　146町石）
聖勝（従三位藤原盛季の子供　107町石）	空恵（侍従藤原為顕の子供　108町石）
実宝（右大臣西園寺公基の子供　18町石）	道勝（太政大臣西園寺実氏の子供　3町石）
覚済（少将藤原兼季の子供　19町石）	

鎌倉幕府の北条一族のスポンサーたち

　次に、鎌倉幕府の有力者の北条一族で施主となった人たちを紹介します。あわせて、北条氏出身でお坊さんとなった人で町石の施主となった人も紹介します。

北条時宗（執権　1・2・10町石）	北条政村（執権　4・5町石）
北条宗政（評定衆　41・42町石）	北条時茂（六波羅探題　179町石）
北条業時（連署　62町石）	北条義宗（六波羅探題　25・26町石）
北条義政（連署　109町石）	北条盛房（引付衆　132町石）
北条時盛（六波羅探題　47町石）	北条時広（評定衆　90町石）
名越篤時（遠江守　92町石）	頼助（執権北条経時の子供　僧侶　118町石）
名越時基（引付頭人　76町石）	

鎌倉幕府有力者や御家人のスポンサーたち

　次に、鎌倉幕府の有力者や御家人で、施主となった主だった人たちを紹介します。

安達泰盛（奥の院側22・25町石、12・158・159町石）	安達時盛（49町石）	安達顕盛（81町石）
宇都宮景綱（45町石）	宇都宮資信（173町石）	二階堂行有（85町石）

① 高野山町石のスポンサーたち　61

にかいどうゆききよ 二階堂行清（93町石）	にかいどうゆきつな 二階堂行綱（51町石）	おおえときひで 大江時秀（74・75町石）
おおえただなり 大江忠成（奥の院側23町石）	ささきうじのぶ 佐々木氏信（52・53町石）	ささきまさよし 佐々木正義（9町石）
ささきゆきつな 佐々木行綱（87町石）	みよしやすあり 三善康有（12町石）	すわもりつね 諏訪盛経（55町石）
しまずひさきよ 島津久清（91町石）	こやまときなが 小山時長（82町石）	あしかがいえとき 足利家時（77町石）
おおともよりやす 大友頼泰（46町石）	かわごえつねしげ 河越経重（111町石）	かとうかげつね 加藤景経（104町石）
いけだただのり 池田忠能（126町石）	いけだぶどう 池田奉道（35町石）	しょうにかげより 少弐景頼（79・97町石）
むなかたうじなり 宗像氏業（40町石）	たいらのよりつな 平頼綱（129・130町石）	

高野山のお坊さんで町石を建てた人たち

　次に、高野山のお坊さんでも一人で町石を造立した人がいました。この中にある検校とは、高野山にいるお坊さんたちの代表者のことです。経済的にも豊かだったことが、わかります。

らいけん　こうやさんあんよういんじゅう 頼賢（高野山安養院住　172町石）
かくでん　こうやさんけんぎょう 覚伝（高野山検校　奥の院側20町石）
こうじつ 興実（高野山検校　165町石）
けいけん　こうやさんこんごうさんまいいんちょうろう 慶賢（高野山金剛三昧院長老　177町石）
めいちょう　こうやさんこんごういんじゅう 明澄（高野山金剛院住　178町石）

172町石実測図・拓影
頼賢が造立した町石

町石造立の最大のスポンサー

　ここで注目されることは、一人で複数の町石の施主となった人がいることです。一番多く町石の施主となったのが鎌倉幕府の有力御家人の安達泰盛です。

一人で5基も造立しています。安達氏は初代の安達盛長以来、源頼朝に仕えていた有力な幕府の御家人でした。

　実は、安達氏と高野山は関係がとても深い間柄でした。二代目の安達景盛は、源頼朝の妻の北条政子の命により頼朝・頼家・実朝の源氏三代の供養のため、高野山に金剛三昧院を建立しました。

　景盛は出家して大蓮房覚智と名乗り、高野入道と称され、高野山で没したといわれています。景盛の子供が3代目となる義景です。義景と高野山との関係はよくわかっていません。

安達泰盛が祖父景盛のために造立した奥の院側22町石

　景盛の孫で、義景の子供が安達家4代目の泰盛なのです。安達氏は町石造立当時、鎌倉幕府内で北条氏に次ぐ有力者でした。鎌倉幕府創設以来の有力御家人が次々に亡ぼされる中で、安達氏は北条氏と姻戚関係を結んで力をのばしました。

　景盛の娘で泰盛にとっては、おばさんにあたるのが吉田兼好の『徒然草』にも出ている松下禅尼です。松下禅尼は、北条時氏の妻となり、後に執権となる北条経時と北条時頼を産みます。北条時頼の子供で後に執権となる北条時宗は、松下禅尼の屋敷で誕生したとされています。

　時宗にとって松下禅尼は、祖母になります。その時宗の妻も泰盛の娘で、時宗の次に執権となる北条貞時を産んでいます。

　この当時、安達泰盛は高野山にとって最大のスポンサーだったとされています。

安達泰盛が曽祖父盛長のために造立した奥の院側25町石の銘文

① 高野山町石のスポンサーたち

泰盛は町石だけでなく、高野山が出版する本の資金面での援助もしました。

　先に述べた高野山町石の完成式で覚斅が読み上げた町石の供養願文の中にも、安達氏三代にわたる最大のスポンサーが「奥州禅刺（師）」であると明記しています。この人物は安達泰盛を指しています。このとき、安達泰盛は陸奥守でした。それで「奥州」と記されているのです。

　この当時、陸奥守は北条氏が代々名乗っていました。泰盛のときに、初めて安達氏が陸奥守を名乗ったとされています。

　このことは安達氏の勢力が北条氏と肩を並べるまでになったことを象徴しているとされています。

安達泰盛に次ぐスポンサーたち

　安達泰盛の次に名前があげられているのが、後嵯峨上皇です。このことは、安達泰盛の次に4基と多くの町石を建てていることからもわかります。

安達泰盛が二月騒動の
犠牲者のために造立した
158町石（上）と159町石（下）

　その後嵯峨上皇の後に、「鎌倉二品禅尼」「相州前吏幽儀」「大蓮・沙弥父子」「故松下比丘尼」と個人名があげられています。

　この中の「相州前吏幽儀」とは、北条時宗のことと思われます。時宗は相模守で、高野山の町石が完成する前年の弘安7年（1284）に亡くなっているからです。「幽儀」とは死者の霊のことです。時宗は3基の町石を建てています。

　次に、「大蓮・沙弥父子」とは、先に述べましたように安達景盛が大蓮房と名乗っていますので、その景盛のことと思われます。さらにその子供となりますと安達義景となります。つまり、安達景盛・義景親子のことを指して

いることになります。

　ここで問題が生じます。この両人は、町石の造立事業が始まる文永2年（1265）以前に既に死亡していることです。なぜ町石が完成したときに読まれた供養願文の中に、この両人の名前があるのでしょうか。

　安達泰盛が造立した5基の町石を分析しますと、奥の院側の22町石が祖父の景盛のため、奥の院側の25町石が曽祖父盛長のため、12町石が父義景のため、158町石と159町石が文永9年（1272）の二月騒動（北条氏の内紛。幕府に謀反を企てたとして時宗の庶兄（姉の兄）の北条時輔などが討たれた事件）のときの死者の供養のために建てられています。

　そこで考えられることは、泰盛が建てた祖父景盛の供養のための22町石と父義景のための12町石において、建てた費用以上に相当なお金の寄付をしたのではないのか、ということです。しかもそれは、亡き景盛と義景の両名の名前でそれぞれ寄付されたのではないのか、と想像します。

　泰盛は5基の町石を造立しましたが、本当はもっと町石を建てたかったのではないでしょうか。泰盛は、後嵯峨上皇が4基の造立であることに遠慮して、わずか1基多い5基の造立に止めたのではないか、とも想像します。

真行と了空という2人の女性

　次に、問題となるのが、町石の供養願文に出ている個人名で残された「鎌倉二品禅尼」「故松下比丘尼」の2人です。両者とも「尼」とありますので、女性です。

　「故松下比丘尼」とは、先に述べました松下禅尼のことと思われます。

　町石が完成した弘安8年（1285）には死亡していますので、「故人」とあることにも合致します。

　ただ問題は、町石の銘文を見ても「松下比丘尼」「鎌倉二品禅尼」とあるものはないということです。1つだけ、手がかりとなるヒントがあります。

　これまでの事例でみたように、町石の供養願文に出ている個人名の人は複数の町石を建てている有力者、ということです。

　そのような視点で町石の銘文を調べてみますと、ちょうど3基の町石を建てた菩薩戒尼真行、比丘尼了空という2人の女性が候補として出てきま

す。この両者について人名から調べても誰なのかわかりません。それで手がかりを、さらに町石に記された銘文に求めてみます。

真行とは誰

真行が建てた3基の町石は、奥の院側17町石・134町石・133町石です。134町石は真行自身の母の供養のために造立されたものです。

その中で、先ず注目したいのが、奥の院側17町石です。この町石は北条時氏のために建てられたものです。時氏とは、鎌倉幕府の第3代目の執権の北条泰時のの長男です。子の経時と時頼が第4代、第5代の執権となりました。

この17町石を建てたのが北条時氏周辺の女性ということは明白ですが、いったいその人物とは誰なのでしょうか。これも先に述べたことですが、北条時氏の妻が松下禅尼なのです。したがって、真行とは松下禅尼のことではないでしょうか。書き残された史料には真行と松下禅尼が名乗ったとはどこにもありません。

その点だけでも、高野山の町石の刻された銘文は重要です。

次に、133町石は北条時氏と松下禅尼の子の檜皮姫のために造立されたものです。檜皮姫は、前記の経時と時頼の妹に当たります。

寛喜2年（1230）に生まれますが、宝治元年（1247）5月13日に没します。

真行造立の町石
（奥の院側17町石）

真行造立の奥の院側17町石の銘文。
北条時氏のためと明記「為修理権亮平時氏」

133町石の銘文には「為前征夷大将軍三品羽林室家」とあります。源氏による鎌倉幕府将軍は頼朝・頼家・実朝の三代で絶えて、次の第4代将軍には有力貴族の関白九条道家(くじょうみちいえ)の三男の頼経が傀儡(かいらい)の将軍として迎えられます。その頼経の子が頼嗣(よりつぐ)なのです。頼嗣は第5代将軍となります。羽林家とは近衛中少将を経て大中納言に至るのを官途とする家柄です。

　まさに九条頼嗣ことで、その室（妻のこと）とは檜皮姫となるわけです。

了空造立の奥の院側19町石。五輪塔部分が欠落する

　松下禅尼は自身より先に早世した娘のために133町石を造立したのです。没後20年を経てもなお、檜皮姫のためと町石を造立したのです。最愛の娘であったのではないでしょうか。

　『徒然草』の中で紹介された松下禅尼は、障子の紙の張替えで、破れている箇所だけを小刀で切って張り替えるところを息子の北条時頼に見せて、倹約の精神を学ばすシーンが記されています。その一方で、惜しげもなく高野山の町石を3基も造立したことは、松下禅尼の内面を垣間見るようでもあります。

比丘尼了空(びくにりょうくう)とは誰

　真行が松下禅尼となると、残る比丘尼了空は「鎌倉二品禅尼」と考えられます。「鎌倉二品禅尼」とは、前述した第4代鎌倉将軍藤原頼経の妻のことです。

　名前は明らかではありませんが、鎌倉幕府の有力者藤原親能(ちかよし)の娘で、大宮殿と称された人物です。夫の頼経の出家に従い尼となり、禅定二位(ぜんじょうにい)と称しました。

　息子の第5代将軍頼嗣(よりつぐ)が鎌倉から追

了空造立の慈尊院側8町石

放されるとき、大宮殿もともに追放されました。京都へ移住した大宮殿であっても、かなりの財力があったことが町石の造立により指摘されます。

　造立した町石は奥の院側19町石・8町石・151町石です。銘文は奥の院側19町石の正面に「比丘尼了空」背面に「沙弥成仏」、8町石の正面に「比丘尼了空」右側面に「文永五年閏正月日」、151町石の正面には「比丘尼了空」とだけあるだけです。了空(りょうくう)はどういう願いを込めて、高野山の町石の造立にかかわったのでしょうか。町石の造立当時、夫の藤原頼経(ふじわらのよりつね)には先立たれて、息子の頼嗣も亡くなっていました。当然のことながら、この2人の供養のために了空は町石を建てたはずです。町石の銘文として明らかにしなかったのは、この当時の鎌倉幕府に遠慮したからではなかったと考えます。

　しかし、この当時の人たちは、比丘尼了空が鎌倉二品禅尼とはわかっていたものと思います。そうだからこそ、町石の正面に大きく、「比丘尼了空」とだけ刻したのではないでしょうか。

「十方施主」の銘文がある慈尊院側30町石

一般庶民が造立した町石

　ここまで町石のスポンサーについて述べましたが、みんなこの当時の有力者ばかりであることに読者の方は気づかれたことと思います。それでは、高野山の町石を建てたのは財力のある特権階級の人たちだけだったのでしょうか。

　実は、高野山の町石は、決して一部の有力者だけのものではありませんでした。そのことも、町石の銘文を検証することでわかります。

「十方施主」の銘文がある121町石

それが、「十方施主」「十方檀那」とある町石です。30町石（十方施主）・121町石（十方施主）・122町石（十方施主）・123町石（十方檀那）・125町石（十方施主）・162町石（十方檀那）の都合6基あります。どれも年号はなく、建てた目的も明記されていません。十方施主か十方檀那と町石の正面に大きく刻まれているだけです。

この十方施主と十方檀那は、両方とも同じ意味です。

十方とは、東・西・南・北の四方と、北東・東南・南西・北西の四隅と、上と下のことです。あらゆる場所と方角を示す言葉です。

十方の施主（檀那）とは、不特定多数の寄付をした多くの人々を一言であらわしています。つまり、多くの一般の庶民の方々からのお金で造立された町石、と明記しているのです。有力者だけが高野山の町石の造立を独り占めしたわけではありませんでした。

町石の勧進に奔走した覚斅は、決して、お金持ちだけをターゲットとして活動したわけではなかったのです。広く、日本全国津々浦々の様々な人々にも町石造立の寄付を願ったのです。

町石の完成には20年もの年月を要しましたが、時間がかかった理由もそのことにあったのではないかと思います。一般庶民の寄進は「一紙半銭」だったといいます。

貧しい中でも、たとえ1枚の紙でも人々は勧進活動の協力をしていったのです。

「十方壇那」の銘文がある123町石

「十方施主」の銘文がある125町石

「十方壇那」の銘文がある162町石

② 町石造立の目的と時代を反映した町石

高野山町石造立のスポンサーたちの本心

それでは、町石のスポンサーとなった人たちは、どういう思いから町石を造立しようと考えたのでしょうか。

もちろん、覚鑁の勧めにより空海や高野山に対する信仰心から、町石の造立者になろうと決心したことは間違いありません。銘文には亡き父母のためとか、師匠のためなどと個人的な目的のために町石を造立したことが明記されています。前にも述べましたように、町石には蒙古襲来という外敵の退散の秘めた願いもありました。

さらに、それ以外に町石のスポンサーたちが造立の目的とした共通の"本心"を、今に伝えている町石があります。それが87町石にある「一見卒都婆、永離三悪道、何況造立者、必生安楽国」とある銘文です。「卒都婆を一目見ただけで永久に地獄・餓鬼・畜生の三悪道からのがれることができる。ましてや、卒都婆の造立者は必ず極楽へと行くことができる」といっているのです。

この「一見卒都婆…」の銘文は高野山だけでなく、他からも同様の銘文がある石塔がいくつか見出されています。

87町石の「一見卒塔婆、永離三悪道…」の銘文

卒都婆を造立した古人たちの願いを今に伝えています。

死後に行く6つの世界

仏教では、人間は生前に積んだ善悪の行動により、死んでから行く世界が6つあると考えられていました。それが、地獄・餓鬼・畜生・修羅・人間・天上です。

いうまでもありませんが、地獄とは悪行(あくぎょう)をした人が行く苦しみを受ける世界。餓鬼は飲食できずに常に飢餓に苦しむ世界。畜生は獣(けもの)の世界。修羅とは人間以下の存在とされる絶えず闘争を好む者の世界。人間は人間の住む世界。天上は人間よりはすぐれているとされた世界のことです。

罪の意識が高かった日本人

　現在の日本人は罪の意識が低いとされていますが、かつての日本人はそんなことはありませんでした。先に高野山に対する信仰のところでも述べましたように、神仏に対する"恐れ"がありました。罪の意識も高く、日々、自分自身が犯した罪におののいていました。なぜなら、罪深い人間は、死んでから地獄・餓鬼・畜生の世界へ行くことになるからです。

　高野山の町石の造立者たちも、死後の地獄・餓鬼・畜生の三悪道(さんなくどう)からのがれて、必ずや極楽へ行けると信じていたのです。それは、個人で町石の造立者となった人に限りませんでした。

　先に述べた「十方施主(じっぽうせしゅ)」・「十方檀那(じっぽうだんな)」となり、「一紙半銭」の寄付をした多くの一般の人たちも思いは同じでした。私たちの遠い先祖も、高野山の町石の造立に、「一紙半銭」の寄付をしたかもしれません。

56億7千万年後を待ち望んだ町石の造立者

　また、高野山の町石の造立者の人たちは、56億7千万年後の未来にも希望を持っていました。これは一体何のことでしょうか。

　仏教では、お釈迦さまが亡くなって56億7千万年後に弥勒菩薩(みろくぼさつ)という仏さまがこの世にあらわれて「龍華三会(りゅうげさんえ)」という説法を3回にわたって行って人々を救うとされています。

　その56億7千万年後には高野山の奥の院にも弥勒菩薩があらわれ、その暁(あかつき)には空海も御廟からあらわれると信じられていました。空海はそのときまで、高野山の奥の院の御廟にいて人々を救済しているとされています。

　特に、奥の院の御廟近くには仏さまや菩薩さまが来迎していると信じられていました。

　次頁の図は江戸時代に描かれた奥の院の御廟の様子です。

来迎した仏さまに囲まれている奥の院の御廟
(『野山名霊集』)

　高野山の奥の院に数十万という石塔が建てられた理由は、空海がいらっしゃる場所で安心して死後を迎えたいという願いとともに、56億7千万年後の「龍華三会」のときには、自身も弥勒菩薩にあやかろうという思いが一方にあったからだと指摘されます。町石の造立者も同様に、56億7千万年後の未来に思いを馳せたのでした。弥勒菩薩の当来と、空海があらわれることを。

奥の院の参道。道の両側に墓碑が並ぶ

鎌倉時代の政治状況を反映させた町石

　次に、少し見方を変えて高野山の町石についてみてみましょう。鎌倉時代の政治社会の状況を、高野山の町石により垣間見たいと思います。

　先に、鎌倉幕府執権の北条時宗が3基もの町石を造立したと述べましたが、現在に残っているのは慈尊院側の10町石の1基のみです。それではなぜ、時宗が造立したのが3基なのかとわかったのでしょうか。

　それは明治37年(1904)4月に、博文館という出版社で出版された石倉重継著の『高野山名所図会』からの情報によっています。

『高野山名所図会』に紹介の高野山の町石の銘文

　『高野山名所図会』は、高野山の歴史と文化について史料を交えながらまとめたものです。当時にあっては、かなり実証的に記述されたものと考えます。高野山の町石については、10頁から16頁にかけて記されています。

　そこに掲載の史料としては、文永2年（1265）の町石発願文(ほつがんもん)と弘安8年(こうあん)（1285）の町石供養願文(くようがんもん)と、町石の1つひとつの銘文を紹介しています。

　これが、高野山の町石の銘文の全体を紹介したはじめての文献となっています。

　その紹介された銘文は貴重で、今となってはわからなくなった町石の銘文も記載されています。点検しますと、117町石と118町石の不明となっている銘文が一部ですが紹介されています。

　最も注目されるのは、今では不明となった慈尊院側の1町石・2町石・4町石・5町石の鎌倉時代の創建当時の町石の銘文が紹介されていることです。

　慈尊院側の1町石・2町石・4町石・5町石は、今は江戸時代以降に再興された町石が立っています。

北条時宗が造立した町石

　『高野山名所図会』に、慈尊院側の1町石の鎌倉時代のものの銘文が「一町　相模守平朝臣時宗（創建施主なり）」と紹介されています。相模守平朝臣時宗(さがみのかみたいらのあそんときむね)とは、北条時宗のことなのです。北条氏の本姓は平氏で、幕府の執権であった時宗は相模守を名乗っていました。

　また、慈尊院側の2町石についても「二町　相模守平朝臣時宗創建」と記載されているのです。これまで、北条時宗が造立した高野山の町石は慈尊院側の10町石だけとされていましたが、この

慈尊院側5町石

② 町石造立の目的と時代を反映した町石　　73

史料の発見によって、実は3基もの町石を造立していたことがわかりました。

慈尊院側の10町石の銘文も同様に「十町　相模守平朝臣時宗」とあり、時宗が造立した町石の銘文は3基とも全く同じだったことが指摘されます。おそらく、北条時宗は同じときに1度に3基の町石を造立したものと考えて間違いないでしょう。

北条時宗が相模守を名乗るのは文永2年（1265）3月からで、執権となるのは文永5年（1284）3月のことです。

「相模守平朝臣政村」の銘文。
慈尊院側5町石

死亡するのが弘安7年（1284）4月ですので、まさに、高野山の町石が造立された頃は、北条時宗が執権として活躍していた、ちょうどそのときなのです。

北条政村が造立した町石

次に、同じ北条一族で、時宗の前に鎌倉幕府の執権となっていた北条政村（まさむら）が造立した町石があったことも、『高野山名所図会』で紹介されています。

それが慈尊院側の4町石で、「四町　平朝臣政村創建再興安永六年六月」と紹介されています。今に残っている慈尊院側の4町石は、江戸時代の安永6年（1777）に再興されたものですが、鎌倉時代の創建当時のものには「四町　平朝臣政村」と銘文があったことを伝えているのです。

さらに同書では、慈尊院側の5町石に「五町　平朝臣政村破損」と明記されています。現在の慈尊院側5町石は大正2年（1913）に再興されたものが立っていますが、『高野山名所図会』の刊行当時は、破損した鎌倉時代の町石があったことを物語っています。

大正2年（1913）に再興の慈尊院側の5町石には、『高野山名所図会』には記されてない鎌倉時代の元の銘文である「相模守平朝臣政村」（さがみのかみたいらのあそんまさむら）が刻されています。

そうなると、ここで問題が生じます。先に「北条時宗が相模守を名乗るのは文永2年3月から」と述べましたように、文永2年（1265）3月以前に鎌倉幕府内で相模守を名乗っていたのは北条政村なのです。

となると、慈尊院側の5町石は文永2年（1265）3月以前にできていたことになってしまいます。覚斅による町石の勧進活動も同じく文永2年（1265）3月です。

奥の院側3町石

いくらなんでも、勧進が始まった同年同月に北条政村が高野山の町石を造立したとは考えられません。石倉重継が指摘したように慈尊院側の4町石・5町石が破損していたことを考えますと、5町石の銘文の「相模守平朝臣政村」は、創建当時の町石の銘文のすべてを伝えているのではない、と考えられます。

他の鎌倉時代の町石の銘文にもありますが、例えば85町石には「前備中守藤原行有」という表現をしたものがあります。おそらくは、5町石の銘文も同様に、「前相模守平朝臣政村」とあったと考えるのが妥当です。

5町石の隣に造立されている4町石にも同じく「前相模守平朝臣政村」とあったのではないかと考えます。

北条政村は、文永10年（1273）5月に没します。4町石・5町石は、政村が文永3年（1266）から同10年（1273）5月までの間に造立したこともわかります。時宗のケースと同じで、北条政村も同じときに1度に2基の町石を造立したと考えて間違いないと思います。

朝廷側と幕府側に分かれていた高野山の町石

ここで注目すべき事実が判明します。高野山の町石の基点は山上の中心にある根本大塔です。そこから奥の院側が金剛界の町石がはじまり、慈尊院側が胎蔵界の町石がはじまります。

それで、町石全体の最も中心にあるのが根本大塔付近にある、1町石から5町石ということになります。

　基点の根本大塔をはさんで、慈尊院側の1町石・2町石の造立者が鎌倉幕府の最大有力者である執権の北条時宗で、4町石・5町石が時宗の前に執権だった北条政村が造立した町石ということです。

　これに対して、根本大塔をはさんで、奥の院側の2町石・3町石・4町石は後嵯峨上皇が建てたものと伝わっています。

　今に残る奥の院側の2町石・3町石は江戸時代の安永2年（1773）に再興されたものですが、鎌倉時代の当初の銘文の「太上天皇」を刻しています。

奥の院側4町石

　太上天皇とは、天皇を退位した上皇のことを示しています。町石造立当時の上皇とは、後嵯峨上皇のことです。

　奥の院側4町石は大正2年（1913）に再興されたものですが、それにも「太上天皇」と鎌倉時代の銘文をそのままに刻しています。後嵯峨上皇は文永9年（1272）に亡くなっていますので、それらの町石も同年までにできていたことになります。

　つまり、町石の基点とされる根本大塔を境として、幕府方と朝廷方の2者に施主が分かれていたのです。

　施主は、朝廷方の最大の実力者である後嵯峨上皇で、幕府方が執権の北条時宗という両巨頭が並んでいたのです。

　鎌倉時代は朝廷と幕府による二元政治が執り行われていましたが、同様の現象が高野山の町石からも見えるのです。

奥の院側2町石の「太上天皇」の銘文

後嵯峨上皇はこの他にも、奥の院にある空海の御廟に最も近い36町石を文永4年（1267）に造立しています。空海に一番近い最も重要な町石には、さすがの幕府方も遠慮したものと考えます。

謎の奥の院側1町石

　ここで、奥の院側の最初の町石である1町石は誰がスポンサーだったのか、という問題が生じます。

　これは、古い文献を見ても一切詳しい記述がありません。奥の院側の2町石が後嵯峨上皇ですので、同上皇よりさらに上位の朝廷方の人物だということになりますが、それが一体誰なのか、わかっていません。

　先に、高野山の町石を最も多く造立したのは鎌倉幕府の有力者の安達泰盛と述べました。

　そして、泰盛はもっと多くの町石を建てたかったが、後嵯峨上皇に遠慮して1つ多い5基の造立に止めたのではないかとも推理しました。今度も推測の域を出ませんが、この当時、朝廷方で天皇は別として後嵯峨上皇より上の人物は想定できません。

　そうなると、奥の院側の1町石も後嵯峨上皇がスポンサーとなってできたものと考えるのが妥当と思います。この推理が許されるのであれば、後嵯峨上皇は安達泰盛と同じく5基の町石を建てたことになります。

　なお、高野山内の町石は、奥の院は別として鎌倉時代の造立当初のものは残っていません。後になってから再興されたものばかりなのです。

　高野山内はこれまで、度々大火といわれる火事にみまわれました。町石の石材の花崗岩は、火に弱いという弱点があります。そのためなのか、謎の奥の院側の1町石をはじめ大事な中心の創建当時の町石は、残っていません。

奥の院側1町石。大正2年再興

② 町石造立の目的と時代を反映した町石　77

③ 抜き取られて移動させられた町石

別の場所に移動させられた7基

　このように人々の願いを込めて建てられた信仰の遺物の町石であっても、詳しく調べてみるとその当時の社会や人間関係などを見せてくれますが、この他にも同様のことで注目すべき事実があります。

　それが、せっかく建てられた町石が抜き取られて、別の町石へと移動させられている、ということです。

　そのような町石が7基見出されます。

166町石

　まず紹介するのが、166町石です。正面に、「百六十六町 比丘尼法如 比丘尼妙因」、右側面に「比丘尼心阿 沙弥円仏」、左側面に「沙弥蓮覚」と銘文があります。

　年号はありませんので、いつ建てられたものかわかりませんが、つくり方から鎌倉時代の創建当時のものと判断されます。

　すでに述べたとおり、高野山の町石は一部の長文の銘文のあるものを除いて背面を利用して銘文を入れるものはありません。高野山登山者からは見えない背面のつくり方は、正面と左右の両側面と比べて荒く仕上げて（これを荒たたきといいます）います。

　ところが驚くことに、この166町石には背面にも正面と同じように整形して梵字と銘文があります。梵字の「ラン」を大きく刻し、その下に「二十町比丘尼妙（以下、土中） 比丘尼法（以下、土中）」とあります。背面の銘文にある人名は一部判読できていませんが、正面と

166町石

同一と思われます。違うのは梵字と町数だけです。

　高野山の町石は、その1つひとつが異なる仏さまをあらわしたものです。

　その町石の頭部を五輪塔としたのは、五輪塔が真言宗で中心となる仏さまの大日如来そのものを象徴的に形としてあらわしたものですので、その形を町石としたからだとわかります。

　真言宗では、キリスト教に代表されますように1つの神様を信仰する宗教とは違って、様々な仏さまを認めます。そして、それら様々な仏さまは大日如来が姿を変えたものであり、すべてが大日如来の化身であると考えられています。これが、真言宗が持つ他の宗派にはない考え方です。

　つまり、真言宗が特色的なことは、様々な姿形が違う仏さまであっても、大日如来が姿を変えたものと解釈していることです。真言宗とはいろいろなものを受け入れる宗教なのです。

　真言宗は、一神教とも多神教のいずれでもない、その両方を兼ね備えた優れた宗教といえます。曼荼羅とは、その様々な仏さまが大日如来を中心として描かれた仏の世界のことともいえます。

　町石道と町石は、それら曼荼羅世界の仏さまを立体的に具現化した"立体曼荼羅"と理解されます。町石の1つひとつは梵字と町数によりどこにあるべきものかがわかるようになっています。

　それで、この166町石の背面の銘文で記されている梵字の「ラン」は、町数の20町石と合わせて考察しますと、金剛界の仏さまの「金剛語菩薩(こんごうごぼさつ)」をあらわしているものと判断されます。

　166町石は、実は、元は奥の院側の20町石として造立されていたのです。今、奥院側20町石のスポンサーとして造立しているのは、高野山の山主検校(さんしゅけんぎょう)の覚伝により造立された文永4年（1267）のものです。

　なぜ、166町石は、このようなことになったのでしょうか。

奥の院側20町石

③　抜き取られて移動させられた町石

考えられることは1つです。

　先に奥の院側の20町石として造立された比丘尼法如・比丘尼妙因・比丘尼心阿・沙弥円仏・沙弥蓮覚の5人により建てられたものが、覚伝の都合で抜き取られて166町石となった、ということです。

　代わりに覚伝自身が奥の院側20町石のスポンサーとなって造立したものと考えます。一度、彫成された町石は廃棄されずにリサイクルされたのです。

　元の正面を背面として、背面の荒たたき部分を再彫成して正面へと造り代えたのです。

　なぜなら、現状で背面部分となったかつての正面の細工はあくまで正面として造られています。荒たたきの跡は見られません。背面となった五輪塔部分の各輪にもきっちりと五輪塔の梵字の「ア・バ・ラ・カ・キャ」が刻されています。

　なぜ、覚伝はそうまでして奥の院側の20町石のスポンサーとなりたかったのでしょうか。覚伝は少しでも空海の御廟に近いところの町石の施主となりたかったからではないのでしょうか。

168町石

　次に紹介したい町石が168町石です。正面に梵字の「バ」、その下に「百六十八町 比丘尼正智」と銘文があります。年号はありませんが、鎌倉時代の造立当初のものです。

　注目されるのは、背面も正面と同様の彫成をして五輪塔部分の各部分に梵字の「ア・バ・ラ・カ・キャ」を刻して、その下に梵字の「コク」を入れて、「廿五町 比丘尼正智」と町数だけ違う同様の銘文があります。

　この168町石も、元は25町石とし

168町石

て造立されていたものが抜き取られて168町石として移動させらたことがわかります。

　この25町石の梵字は、金剛界の「金剛嬉菩薩(こんごうきぼさつ)」という仏さまをあらわしています。それで、元は奥院側の25町石として造立されたものと判断されます。「比丘尼正智」という人物が誰なのかはわかりません。

　今、奥の院側に立つ25町石は、鎌倉幕府の有力御家人の安達泰盛が文永5年（1268）に曽祖父の安達盛長のために造立したものが建っています。

　168町石は、当時の鎌倉幕府で強い力を有していた安達泰盛という権力者によって25町から168町という遠くへと移動させられたことがわかります。安達泰盛も、少しでも空海に近い場所での町石の造立を望んだことがわかります。

170町石

　次に紹介する町石が170町石です。正面に梵字の「ア」、その下に「百七十町 左衛門尉大江為氏」。右側面に「為考妣證果也」、左側面に「沙弥西願」と銘文があります。

　年号はありませんが、鎌倉味代の当初の町石です。亡くなった父と母のために建てられた町石です。

　左衛門尉(さえもんのじょう)の官位を名乗る大江為氏(ためうじ)については、どんな人物かわかりません。大江氏といえば、鎌倉幕府の有力者の大江広元の一族があげられますが、「為氏」の名は見出せません。

　注目されるのが、この170町の背面も正面と左右側面と同様に、表面を彫成して五輪塔の部分には梵字の「ア・バ・ラ・カ・キャ」を各輪に刻し、正面と同じ「左衛門尉大江為氏」の銘文があります。違う点は、町数が「廿六町」とあることと、梵字が「タラタ」とあることで

170町石

す。

　町数と梵字の配置から、この170町石は、元は奥の院側の26町石として造立されたものとわかります。梵字の「タラタ」は、金剛界の仏さまの「金剛鬘菩薩(こんごうまんぼさつ)」をあらわしています。

　現在に残る奥の院側の26町石の施主は朝廷方の有力者の権大納言藤原資季です。銘文は正面にだけ大きく「廿六町 沙門了心」とだけ刻しています。

　町石が造立された当時は、官位などを明記しないで、出家して名乗る法名の「了心」というだけで、ああこれが藤原資季が建てた町石かと人々はわかったのでしょう。

藤原資季(了心)が造立した
奥の院側26町石

　先の事例のように、権力者の圧力により一度は26町石として造立されながらも抜き取られて170町石として移動させられたことがわかります。

171町石

　次に紹介する町石が171町石です。正面に梵字の「ビ」と「百七十一町 沙弥(以下土中)、生阿(以下土中)」、左側面に「蓮阿弥陀佛」と銘文があります。正面の銘文は、1行に羅列しましたが、実際は2行に刻されています。下のほうが土に埋まって全文が読めません。

　注目されるのが、背面も正面と左右側面と同様に彫成して、五輪塔部分には梵字の「ア・バ・ラ・カ・キャ」を刻し、正面と同様の銘文の「沙弥念(以下土中)、生阿弥(以下土中)」(銘文は2行)

171町石

とあることです。背面銘文の上部には梵字の「カン」と「廿二町」が刻されています。

町数と梵字の配置により、この171町石は、元は奥の院側の22町石として造立されたものとわかります。梵字の「カン」は、金剛界の仏さまの「金剛護菩薩」をあらわしています。

今に残る奥の院側の22町石は、鎌倉幕府の有力御家人の安達泰盛が文永5年（1268）に祖父の安達景盛のために造立されたものです。

この171町石も一度は奥の院側の22町石として建てられたものの、安達泰盛により排除されたことがわかります。

41町石

次に紹介したい町石が41町石です。正面に梵字の「キリーン」と「四十一町 左近将監平朝臣宗政」と銘文があります。背面に金剛界の仏さまの「金剛業菩薩」の梵字の「ケン」を刻し、「二十一町 沙弥西雄」とあります。元は奥院側の21町石として造立したものが、抜き取られて41町石となったことを示しています。

このケースは、これまでのものとは違っています。正面に刻された人物は、北条時宗の弟の北条宗政で、背面の人物の西雄とは一致しません。今に立っている、奥の院側の21町石は鎌倉時代の当初のもので、比丘尼性明と沙弥良智の2人が造立したものです。

この両名はどういう人物かわかりませんが、前に紹介の沙弥西雄よりは、権力があったものと考えます。そうであったから、41町石へと抜き取られて移動させられたものと考えます。

そして、さらには41町石からも排除されて背面に向けられてしまい、左近将監平朝臣宗政が41町石の施主となったものと考えます。左近将監平朝臣宗政と

北条宗政、造立の41町石

は、北条時宗の弟の北条宗政のことです。宗政も、鎌倉幕府の有力者でした。強力な権力により、西雄が造立した町石は転々とした様子が伺えます。

42町石

次に紹介する町石が42町石です。

正面に梵字の「ウーン」と「四十二町 左近将監平朝臣宗政」と銘文があります。背面に金剛界の仏さまの「金剛拳菩薩(こんごうけんぼさつ)」の梵字の「バン」を刻し、「二十四町 金剛佛子聖翁」とあります。

北条宗政、造立の42町石

元は奥の院側の24町石として造立したものが、抜き取られて42町石となったことを示しています。

この町石も、前の41町石と同様のケースと考えられます。正面に刻された人物は、北条宗政で、背面の人物の聖翁とは一致しません。今に建っている、奥の院側の24町石は鎌倉時代の当初のもので、比丘尼信阿と観阿の他、10人で造立したものです。

これらの人々がどういう人物かわかりませんが、聖翁よりは、権力があったものと考えます。そうであったから、42町石へと抜き取られて移動させられたものと考えます。

そして、さらには42町石からも排除されて背面に向けられてしまい、左近将監平朝臣宗政が42町石の施主となったものと考えます。41町石と同じく、北条宗政の強力な権力により、聖翁が造立した町石も転々とした様子が伺えます。

161町石

次に紹介する町石は161町石です。正面に梵字の「ビ」と「百六十一町」、右側面に「文永三年十月四日圓霊寺」、左側面に「為大塔勧進上人良印也」（大塔勧進上人良印(だいとうかんじんしょうにんりょういん)のためなり）。背面に梵字の「アク」と「四町 二十町」

と銘文があります。

　文永3年（1266）の鎌倉時代の造立当初の町石です。先に述べました町石造立の発願をした覚斅の師匠の大塔上人良印のために造立した町石です。

　施主の名前はありませんが、おそらくは覚斅が造立したのではないかと推測します。

　注目されるのは、背面の銘文の、「四町 二十町」です。同じく背面の梵字が「アク」とあることから、金剛界の仏さまの「羯磨波羅蜜菩薩（かつまはらみつぼさつ）」をあらわしたも

良印のために造立された161町石

ので、奥の院側の4町石として造立されたことがわかります。

　これも先に述べたことですが、奥の院側の4町石は後嵯峨上皇が施主となっています。最初は4町石として造立されたものの、上皇に遠慮して（または、権力によって）、20町石へと移動したことがわかります。

　問題は、慈尊院側の胎蔵界の20町石か、奥の院側の金剛界の20町石のいずれになったかですが、これまでの事例にありますように、すべての移動した町石は金剛界から胎蔵界へと移動していますので、この20町石は奥の院側の金剛界の20町石となったものと考えます。

　奥の院側の20町石は、先に紹介した高野山の検校の覚伝が文永4年（1267）に造立したものが立っています。

　一度は奥の院側の20町石となったものの、さらに検校の覚伝に遠慮して（または、権力によって）、161町石と三度移動したものと考えられます。

　このように、高野山という聖地に建てられた信仰の遺物の町石であっても、その背景にあるものは、ドロドロとした権力争いや、人間関係を匂わせています。

　前に、現代人と比べて古い時代の人間は罪の意識があって、精神的には高い人たちだったと述べましたが、上記の点では700年以上後の我々と何ら違いがないようです。

③　抜き取られて移動させられた町石

町石を移動させた施主のその後

　仏教では、この世は「諸行無常」と説きます。物事は常に変化して少しの間でも止まらない、というのです。お釈迦さまが、この無常を説かれたとき、人々は落胆してガンジス川へ次々に入水したといいます。驚いたお釈迦さまは、「まだ話は途中だ。この世は無常だが、そうだからこそ、限りのある命を大事に生かして逆にがんばるのだ」と、押し止めたといいます。

　お説教はともかく、まさにこの「諸行無常」をまざまざと私たちに見せつけてくれるのが、高野山の町石なのです。

　朝廷方の最大の有力者であった後嵯峨上皇は、町石の完成を待たずに文永9年（1272）に死亡します。

　幕府の有力者の安達泰盛は後嵯峨上皇のために、高野山奥の院の御所の芝という空海の御廟前の最も聖地とされる場所に、町石と同一タイプをした五輪卒都婆を文永10年（1273）に造立します。ちなみにこの塔は現存します。

　その安達泰盛も弘安8年（1285）11月に同じ幕府の有力者の平頼綱から謀反の疑いがあると中傷されて、一族もろともに殺害されてしまいます。高野山の町石の開眼法要が執り行われた、僅か1か月後のことでした。

　これを霜月騒動といいます。執権北条氏に次ぐ有力者一族は、一夜にして滅亡となりました。

　安達氏を滅ぼした平頼綱も、高野山の町石の中の129町石と130町石の2基の施主となっています。その頼綱も、安達氏滅亡の7年後の永仁元年（1293）に執権の北条貞時により滅ぼされます。

　41町石と42町石の施主となった北条時宗の弟の北条宗政も、弘安4年（1281）に29歳の若さで死亡します。時宗も町石の完成の前年に没します。

　権力者となり、先に建てていた町石を他へ移動させても目的の町石の施主となり、1基だけではなく複数の町石を建てたこれらの人たちの最期の心中はいかばかりであったのでしょうか。わかりませんが、その最期に思いをはせたのは、高野山に建てた町石ではなかったでしょうか。

　そのことは、一紙半銭の寄付をした一般の人たちであっても同じであったはずです。死にのぞみ、身は滅ぼされても魂は高野山の地へ行き、空海のそばで安らかに眠ることに安堵しながら、心安らかに最期を迎えたと…。

❹ 町石のルーツと町石道にある町石以外の石造物

高野山全山の総門の大門。国指定重要文化財

① 町石のルーツ

高野山の町石のルーツは

　次に、高野山の町石のルーツについて述べてみたいと思います。残念ながら、これが町石のルーツだと明らかにする史料はありません。その中で、なんとかこれがルーツというものについて述べたいと思います。

　幸いに、鎌倉時代の高野山の奥の院の様子を画像で伝えているものがあります。それが、国指定の重要文化財になっている「高野山山水屏風」という屏風に描かれた高野山上の風景画です。その中では、奥の院の様子も詳しく描かれています。

　注目されるのは、町石と同じ形をした五輪卒都婆が空海の御廟の周りと、御廟へと行く奥の院の左右の参道に群立していることです。この絵図の中には町石も描かれていますが、建武元年（1334）に建立された根本大塔近くの愛染堂が描かれていません。

　それで、弘安8年（1285）以降から鎌倉時代末までのものとされています。他に、鎌倉時代の高野山の奥の院を描いたものに、国指定重要文化財の「一遍聖絵」などがありますが、「高野山山水屏風」とほとんど同じで、五輪卒都婆群が奥の院の参道を埋め尽くしています。

　このことは重要で、鎌倉時代に高野山で造立された卒都婆のタイプは、五輪卒都婆が主流であったことを示しています。高野山の町石が五輪卒都婆の形を採用したのは、この当時の流行の形であったからだと考えます。

五輪卒都婆の意味

　ただ、五輪卒都婆には深い意味が込められていました。真言宗では、大日如来という仏さまが様々な仏さまの中心となるもので、それぞれ姿形が違う仏さまの1つひとつは大日如来が姿を変えて現れたもの、ということも先に述べたとおりです。

　空海が伝えた真言宗の教えでは、仏教を開いたお釈迦さまは大日如来より真理を得たとします。大日如来とは、真理そのものであり、真言宗の教えは

五輪卒都婆が群立する高野山奥の院
(『問答講本尊』の部分より、トレース)

お釈迦さまという人間が説いたものでなく、誠の真理であるとします。

　その大日如来をシンボリックにあらわしたものが、五輪塔なのです。こんな大切な五輪塔を卒都婆の形として採用したのは、おそらくは高野山のお坊さんではないだろうかと、先に述べました。

　奥の院に造立された五輪卒都婆も、町石と同様に様々な人たちの願いを込めて建てられたに違いありません。

　ただ、奥の院に造立された多くの五輪卒都婆は、町石とは異なる点が１つありました。それは、石造ではなくて木製であった、ということです。

　鎌倉時代末から南北朝時代にかけて描かれたとされる高野山の「問答講本尊」(上図参照) にある奥の院の絵図にも、奥の院の参道には五輪卒都婆が群立しています。

　注目されるのが、その中で五輪卒都婆を荷った人物とそのかたわらで、鋤を持った人物が今まさに卒都婆を造立しようとする様子が描かれていることです。奥の院の五輪卒都婆群が木製であることを暗示しています。

五輪卒都婆の源流

　それでは、なぜ高野山の奥の院には五輪卒都婆の形の卒都婆が建てられるようになったのでしょうか。五輪卒都婆は頭部を五輪塔の形にした細長い塔であるとは、先に述べたとおりです。

① 町石のルーツ　89

なぜ、そのような形となったのでしょうか。

今現在の卒都婆の研究者のほとんどが、卒都婆の源流をインドに派生して中国・朝鮮半島へと広がった仏塔（ストゥーパ）に求めています。確かに、有名な奈良の法隆寺の五重塔などはインドにさかのぼる仏塔としての性格がありますが、高野山の奥の院や全国各地の墓所に造立された卒都婆には仏塔とは違う流れの中でできたものと考えます。

そのヒントは、度々述べていますように、高野山の町石が1つの石からできた一石彫成（いっせきちょうせい）であることと、五輪卒都婆の形が細長い形態をしているということです。

結論を先にいいますと、五輪卒都婆となる以前は、1本の生木を卒都婆として立てていたのではないかと推理します。

1本の生木であったからこそ、その後に続いた木製の五輪卒都婆も1つの木で造られ、さらに石造化された町石も1つの石で彫成（ちょうせい）されたものと考えます。

仏教が入ってくる以前、日本人は死んだ人の霊をまつり回向（えこう）（死者の冥福を祈ること）するためには、その依代（よりしろ）（霊が招き寄せられて乗り移るもの）として常盤木（ときわぎ）（松・杉・樒（しきみ）のように年中その葉が緑色をしている常緑広葉樹のこと）の枝を立てて神籬（ひろもぎ）（神祭のときに、清浄の地を選んで周囲に常盤木（ときわぎ）を植えて神座としたもの。後世に臨時に神を招請するために立てた榊（さかき）のこと）としました。

仏教が我が国に伝わり、この常盤木が卒都婆となったと考えられています。さらに卒都婆は、真言宗の大日如来の思想により、五輪塔が派生したのです。

高野山は、1200年もの歴史を今日に伝えています。以上の卒都婆の変遷も、みごとに今日に伝えているのです。

五輪卒都婆が群立する以前の奥の院には、生木の原木が奉納されていたのではないかと推理します。

以上のことをまとめると、①生木の塔婆 ⇒ ②白河上皇の高野山登山の記録にある木製の卒都婆札 ⇒ ③山水屏風に描かれた木製の五輪卒都婆 ⇒ ④石造の町石、と変遷を辿ったものと考えられるわけです。

② 町石道にある町石以外の石造物

町石以外の石造物

　高野山の町石が建てられた規模が大きく、町石そのものの数も多くて全国で第1位であることは先に述べたとおりですが、さらに高野山の町石を引き立たせる遺物が今日に残っています。

　次に、それらの町石以外に造立された石造物を紹介しましょう。

　最後に紹介する鳥居を除いて、その他のいずれの石造物も、高野山の町石が完成する弘安8年（1285）までにすべてできあがっていたと考えます。

里石

　まず紹介するのは、里石です。「里」とは「町」と同じで、距離をあらわす単位です。町の次が里となります。

　古い時代は6町を1里とした例があります。千葉県の九十九里浜などがその例です。

　その後、36町を1里とすることが起こりましたが、それがいつのことか明らかではありません。地方によっては、まちまちで38町・40町・48町・50町・60町などを1里としたとされています。

　江戸時代になって徳川家康は、36町を1里と定めましたが、徹底はされませんでした。ようやく、明治2年（1869）になり、明治政府により36町を1里と全国的に統一されたのです。

　実は、高野山の町石の里石は36町を1里と定めています。この制度の中では、一番古い36町1里を示すものとなっています。

　これにより、この制度が鎌倉時代の中頃までさかのぼることを証明する唯一残る、我が国の交通史の研究上貴重な最古の遺物ともなっています。

　里石は全部で5基ありましたが、今日残っているのは4基です。145町石付近に1里石、108町石付近に2里石、72町石付近に3里石、36町石付近に4里石があります。

　江戸時代の高野山の町石の記録によりますと、根本大塔付近に弘安3年

（1280）の年号のある 5 里石が立っていました。

　高野山山麓の高野山登山の出発点である慈尊院の 180 町石を里石は基点として造立されています。高野山登山者に配慮して、里石が造立されていることがわかります。高野山登山者は町石道がおおよそ 5 里の行程であるとわかっていたのです。

　それで、高野山山麓から、1 里・2 里・3 里・4 里・5 里と順に造立されたことがわかります。里石は町石と同じ五輪卒都婆の形をしています。一見しただけでは、町石と見間違ってしまいます。

　町石の他に、里石までも造立しているのは、高野山の町石だけです。4 基の里石には大日如来の梵字の「ア」が刻されて、その下に「一里」というように、里数を入れています。

1 里石の銘文

　1 里石には、正面には 2 行に「沙弥覚仏、沙弥覚慈」、右側面に「為忠矛出離得脱」、左側面に「藤原高行」と銘文があります。年号はありませんが、鎌倉時代の造立当初の里石です。

　忠矛の成仏のために、覚仏と覚慈と藤原高行の 3 人が造立したものです。この中の藤原高行とは、鎌倉幕府の有力御家人の二階堂氏の一族の二階堂高行と推定されます。高行の父は貞衡といって従五位下で美作守でした。

1 里石

高行の事蹟についてはよくわかっていません。覚仏と覚慈は、同じ二階堂氏の一族と思います。

2 里石の銘文

　2 里石には、正面に「沙門真願」、右側面に「左兵衛尉草部久知」、左側面に「為左金吾源高綱幷重綱法師等」（左金吾源高綱ならびに重綱法師など

のため）と銘文があります。年号はありませんが、鎌倉時代の造立当初のものです。

　真願とは、鎌倉幕府の有力御家人の佐々木正義のことです。正義の父が佐々木義清といって、鎌倉幕府の創設に活躍した佐々木定綱の弟になります。

　銘文にある、左金吾源高綱とは、源平合戦で有名な宇治川の合戦で活躍した佐々木高綱のことで、義清の兄にあたります。重綱とは、高綱の嫡子です。この

２里石

２里石は、佐々木正義が叔父の高綱と従兄弟の重綱のために造立したものなのです。正義はなぜ、この両人のために里石を造立したのでしょうか。

　高綱は宇治川の合戦の後に出家して高野山へ入って建久元年（1190）に死亡し、重綱も建仁３年（1203）に山門衆徒の乱を追討して戦死します。

　重綱の弟は光綱といって、義清の子供として養われて成長します。正義と光綱は兄弟のように育ったと思われます。それで正義は、高綱・重綱父子を不便に思い里石を造立したものと考えます。

３里石の銘文

　３里石には、正面に「沙弥行仏、沙弥道禅」、右側面に「沙弥妙仏 沙弥唯蓮 沙弥専蓮 沙弥信聖」、左側面に「源氏女 沙弥定西 平氏女 沙弥覚親 藤原宝寿丸」、背面に「比丘尼妙心 沙弥道顕 法橋清範 沙弥道阿 沙弥行念 平則正」とびっしり17人の人名で埋め尽くされています。

　年号はありませんが、鎌倉時代の造立当初のものです。

３里石（手前）と72町石（奥）

実に、17人が共同で造立した里石です。この人たちの人間関係はわかりませんが、何らかの信仰上の集まりであった可能性があります。それは、源氏・平氏・藤原といろいろな姓が見られるからです。

銘文にある「源氏女」「平氏女」とは、嫁いだ先の姓ではなくて実家の姓です。古い時代の女性は、結婚しても夫の姓でなく実家の姓を生涯名乗っていました。

4里石の銘文

4里石には、正面に「藤原長宗」、右側面に「為祖父秋田城介藤原義景」、左側面に「弘安元年十月　日」と銘文があります。安達泰盛の甥にあたる安達長宗が祖父の安達義景のために、弘安元年（1278）に造立した里石です。

4里石

慈尊院嵯峨浜の五輪卒都婆

次に紹介するのが、高野山山麓の慈尊院の紀の川に面した嵯峨浜（さがはま）に立つ五輪卒都婆です。高野山の町石と同一タイプをした花崗岩製の五輪卒都婆です。総高は207.5cmです。下部の50cmほどが、地中に埋まっているものと判断されます。

五輪塔部分の正面には、大日如来そのものをあらわした法身真言（ほっしんしんごん）の梵字の「ア」「バ」「ラン」「カン」「ケン」を刻し、その下に「無量倶胝劫　所作衆罪業　見斯曼荼羅　消滅盡無餘」、右側面に「相州住人沙弥蓮阿」、左側面に「為過去□□□」、背面に「源頼俊　源氏千世石丸　左衛門権少尉源頼俊弟子」とあります。銘文はもう少し地中にあるように判断されます。年号はありませんが、町石が造立された当時の鎌倉時代の遺物です。

嵯峨浜　五輪卒都婆
実測図・拓影

正面の銘文は、偈頌といって仏教の経典に出てくる詩文の形で仏さまの徳や教理を述べたものです。この文章の出典は、真言宗で最も大事にされる２つの経典の１つの『大日経』です。ただ、「業」は「障」でなければいけません。

　読み下しをすると、「無量俱胝劫の所作のもろもろの罪業、この曼荼羅を見たてまつれば消滅して盡く餘りなし」と読めます。曼荼羅を見るだけで、すべての罪が払拭されるといっているのです。

　つまり、曼荼羅の功徳を説いている五輪卒都婆なのです。

　銘文にある「相州住人沙弥蓮阿」とは、源義家の７男の義隆の孫が頼胤（若槻を姓とします）、さらにその孫の頼輔が法名を蓮阿といっていますので、その若槻頼輔と思われます。「頼俊」とは、頼輔の子供です。

　銘文の全容は明らかではありませんが、頼輔を中心とする若槻一族により造立されたものと考えられます。

　五輪卒都婆の造立の趣意は、正面の偈頌にありますように曼荼羅の功徳を述べたものです。先に述べた紀の川から南岸にある慈尊院からはじまる町石道は、曼荼羅の諸尊を町石であらわした立体の曼荼羅世界です。

　この五輪卒都婆の銘文は、そのことを明確に示しています。高野山登山を始める人々に、そのことを明示するために、この塔は建てられたものと考えます。造立の場所も、当初から変わってないものと思います。

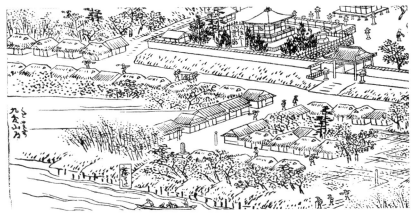

慈尊院の門前付近。下に紀の川が流れ、渡し船が描かれている。右手に嵯峨浜の五輪卒都婆があり、道は左へ曲がり、中央下に町石供養碑と下乗石らしいものが、道の左右にある（『紀伊国名所図会』）

② 町石道にある町石以外の石造物

町石供養碑

次に紹介するのは、慈尊院の嵯峨浜の五輪卒都婆近くにあったとされる、高野山町石の供養碑です。江戸時代に出版されました『紀伊国名所図会』に、この町石供養碑が図であらわされています。

木の枠に入れられていた様子が描かれています。形は五輪卒都婆だったようですが、上部の五輪塔の部分はなくなっています。

江戸時代に出版された『紀伊続風土記』に、「此碑文、近世楽翁侯の集古十種碑銘の部に入れられたり。惜ひ哉、先年農家火を失するか為に焼かれ、文字往々に闕て連続し難しといへとも、町卒都婆二百十七本勧進の文字あり。此は遍照光院覚斅上人建らる碑銘ならん」とあります。

楽翁侯とは、江戸幕府の寛政の改革で有名な松平定信のことです。定信は、全国にある古い宝物を図録にして『集古十種』と名づけて出版をした、大変な文化人でもありました。

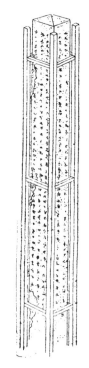

町石供養碑。木製の枠に入っている（『紀伊国名所図会』）

その『集古十種』に慈尊院にあった町石供養碑が紹介されていると解説しているのです。ただ、火事にあって文字が判読しづらくなったものの町石の総数である217本などの字が読めるとしています。重要なことは、この町石供養碑が町石造立の発願者である覚斅が建てたものとしていることです。

高野山の町石は完成した後、弘安8年（1285）10月に開眼法要が盛大に行われています。

この法要にのぞみ、町石の勧進に奔走した覚斅は最後の仕事としてこの町石供養碑を造立したものと考えます。年号があったとしたら、弘安8年10月とあったに違いありません。

この町石供養碑の3つの残欠品が慈尊院周辺から見出されて、慈尊院の境内に保管されています。

それをA・B・Cにわけて紹介すると、次表のとおりです。

石材は町石と同じで花崗岩です。幅の寸法も町石と同じで30cmほどですが、奥行は少し小さくて24cmほどです。

町石供養碑（A）	寸法： 現高34.6cm、幅30.4cm、奥行23.0cm 5行にわたって、「□入季唐投其、□金胎之佛土、百十七本也□、宛至龍華之□、□出現□」と銘文あり。	残欠品の実測図・拓影
町石供養碑（B）	寸法： 現高37.0cm、幅30.4cm、奥行23.0cm 5行にわたって、「□□山帰朝已後、□時□□弥勒□、□□□於今眼□、□□二世之善□、□□□界□□」と銘文あり。	残欠品の実測図・拓影
町石供養碑（C）	寸法： 現高38.0cm、幅31.0cm、奥行24.0cm 5行にわたって、「□赴地而来明神現、至忽點入定洞其間、剣堅貞之石姿代□、□勧進之早小願、□□□□□□」と銘文あり。	残欠品の実測図・拓影

② 町石道にある町石以外の石造物

『集古十種』に紹介の町石供養碑

この3つの部分を『集古十種』に掲載の拓本と見比べてみますと、さすがに、ぴったりと合致します。Aが上部で、BとCが上下の関係にあり中ほどの部分となります。

それをわかりやすくすると右に掲載したものになります。これはわかりやすいように、『集古十種』の拓本を白黒反転してみました。これで、江戸時代のものの半分ほどが見出されたことになります。

町石供養碑が意味すること

銘文は、空海による高野山の開創から、空海が入定して56億7千万年後に弥勒菩薩がこの世にあらわれるまで奥院の御廟内に入定されたことと、この地が金胎（金剛界・胎蔵界）の仏の曼荼羅世界で、その浄土へ導くために1町ごとに石の卒都婆を造立して開眼したことを記しています。

中世の町石の中で、このように開眼のための供養碑まで造立しているケースは他ではありません。

この町石供養碑は、前記の嵯峨浜五輪卒都婆と同じで、これから高野山登山をする人々に、高野山がいかなる霊山なのか見てもらわないといけなかったのです。これから曼荼羅世界に入り、高野山登山をする人たちに、1町ごとに立つ町石の意味を知らせる必要が覚鑁にはあったのです。そこには、覚鑁の見事な演出があったと推理します。

少しニュアンスが違うかもしれません

『集古十種』掲載の
町石供養碑（白黒反転）
A・B・Cの断片部分に
印をつける

慈尊院の門前にある町石供養碑の
残欠と思われる遺物

が、いわば、高野山の観光案内板としての性格が町石供養碑にあったことがわかります。

なお、現在の慈尊院の門前には、次に述べる下乗石(げじょういし)の付近にあったと伝えられている五輪卒都婆の下方部とそれに続く地中に埋め込む根部が一石となった残欠品があります。寸法は現高が113.0cm、この内根部が73.0cm、地上部が40.0cm、幅と奥行は共に30.0cmです。

全体の手法は、鎌倉時代の町石のものと同一です。これは、町石供養碑の部分の可能性がある重要な遺物と考えます。

慈尊院の下乗石

下乗石(げじょういし)とは、神社やお寺などの境内へ車馬に乗ったまま入ることを禁じて「下乗」と刻して建てる石標のことです。これも中世にさかのぼる古い遺物は少なくて貴重です。

この下乗石が慈尊院の門前にあります。頭部を三角形(これを板碑(いたび)といいます)にした形で、上部のみが残る残欠品です。花崗岩製で、寸法は現高107.0cm、幅28.0cm、奥行22.0cmです。正面に梵字の「ア」と、「下」を刻しています。

年号はありませんが、全体の手法により高野山の町石と同じ頃に、造立されたものと考えます。

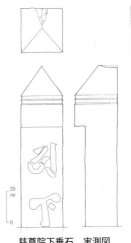

慈尊院下乗石　実測図

現在、下乗石の最古の遺物は京都市高雄神護寺の正安元年(1285)のものとされていますが、高野山の町石ができた頃のものとの推定年代が正しければ、この慈尊院の下乗石のほうが古く最古の遺物となります。

下乗石にあらわされた「下乗」の文字は、それより内側が神聖なる場所であることを示しています。高野山登山でそのことを忠実に守った様子を伝えているのが、後宇多(ごうだ)上皇です。

他の、平安時代後期から高野山登山をした上皇たちも、慈尊院からは輿を降りて、自らの足で高野山登山をしていますが、後宇多上皇の高野山登山の

町石の前で立ち止まって、念誦する後宇多上皇（『野山名霊集』）

記録の『後宇多院御幸記』には、「先、礼拝退凡下乗之卒都婆曰、朕今已宝山入、喜哉・・・」と、後宇多上皇がまずは下乗石を礼拝して、下乗石の内側に入り、自分は宝山に入ったと喜び涙を流した様子を明記しています。

後宇多上皇は、高野山入山に際して、まずは下乗石の前で礼拝されたのです。下乗石より内側はこの世ではなくあの世の異界の高野山であり、曼荼羅世界の仏の浄土であったのです。それだからこそ、後宇多上皇は異界の高野山に入ったと涙を流したのです。

町石道は、胎蔵界と金剛界の曼荼羅世界を立体的に具現化したものです。その曼荼羅世界に入る入口が、下乗石なのです。

後宇多上皇は、高野山の町石の1つひとつに立ち止まって念誦して進みました。それぞれの町石は仏さまですので、後宇多上皇がそのように丁寧に高野山登山をした理由も当然といえば当然でした。このとき、後宇多上皇は真言宗のお坊さんでもありました。曼荼羅の意味もよく理解していたのです。

この下乗石から内側が聖地と

慈尊院の下乗石が元建っていた地点。奥に紀の川が流れる

された事例は高野山だけではありません。

　真言宗の山岳寺院で下乗石を有するのは鎌倉時代のものでも数か所あります。

　天台宗の比叡山でも、藤原道長が同山を登山したときの下乗に関するハプニングがありました。

　道長が公卿(くぎょう)を引き連れて壇那院のあたりを騎馬で通り過ぎようとしたところ、突然に石が飛んできて前駈の1人に当たってしまいました。

　殿下がお登りだとする一行の前に、法師が5・6人あらわれて、「壇那院は下馬所だ。大臣公卿は物故は知らぬ物か」と意見をして、さらに投石をしました。

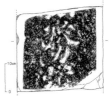

下乗石断片実測図・拓影

　この慈尊院の下乗石について、江戸時代に出版された『紀伊国名所図会』には「下乗標石　慈尊院村の北、路傍にあり。法務権僧正定海と記せり」とあります。今では、「下」とのみ銘文がある下乗石も、江戸時代は「法務権僧正定海」と銘文があったことを伝えています。

　近年、この下乗石の断片と思われるものが発見されました。花崗岩製で、寸法が現高30.2cm、幅30.0cm、奥行23.0cmです。「法務権」と銘文があります。つまり、上記の『紀伊国名所図会』が記している下乗石の銘文と一致するのです。

　ただし、ここで問題が生じます。銘文として紹介されている定海(じょうかい)とは平安時代後期の有名なお坊さんで、法務権僧正(ほうむごんそうじょう)と、お坊さんの中でもトップクラスに入っていた時期は保延(ほうえん)2年(1136)のことでした。読者の方も気づかれたものと思いますが、町石が造立された鎌倉時代中頃とは全く違って100年以上も古いということになってしまいます。

　次に、建治(けんじ)2年(1276)銘の板碑(いたび)のところでも述べますが、下乗石そのものの形は鎌倉時代の町石が造られていた頃のものですので、間違いなく鎌倉時代中頃のものと判断されます。この下乗石も、町石の勧進に奔走した覚斅により石造化されたことが考えられます。

　おそらくは、石造になる以前は町石と同様に、木製であったことが考えられます。つまり、覚斅は下乗石を木製の時代そのままに銘文を刻したものと

考えます。

　それでは、なぜ覚斅はそのように木製時代の銘文をそのまま下乗石に刻したのでしょうか。これについては、定海の時代にまで話をもどさないといけません。当時の高野山の座主は京都の東寺の長者が兼務していました。このとき、高野山で彗星のようにあらわれたのが覚鑁上人でした。覚鑁上人は鳥羽上皇の信仰を得て小伝法院・大伝法院を建立します。上皇も高野山へ御臨幸して、大伝法院の落慶法要が行われました。覚鑁上人は高野山にとっては新興勢力だったのです。

　このときの高野山の座主が東寺長者の定海でした。上皇は定海の高野山座主職を停止させて、覚鑁上人の弟子の真誉に任命し、その後には覚鑁上人自身が座主となりました。

　これには、高野山側の僧侶の反感をかうことになり、覚鑁上人は座主職を返上して蟄居します。覚鑁上人に代わって座主として再び迎えられたのが定海でした。高野山の座主に返り咲いた定海が慈尊院の木製時代の下乗の卒都婆に「法務権僧正定海」と銘文を記したのが保延２年（1136）のことです。

　このことは、大変意義深いことでした。なぜなら、先に述べましたように慈尊院の下乗石は慈尊院だけのものではなく、高野山への入口の下乗の印だったのです。

　鎌倉時代に石造にして下乗石を再興するに際しても、旧来のままに銘文を刻する必要が高野山にはありました。それは、町石が造立されるころまで覚鑁の大伝法院方と高野山側との対立が続いていたからです。

　町石を再興した覚斅が下乗石の銘文を旧来のままとしたと考えます。それが高野山側の立場であり、高野山登山の人々に平安時代後期の高僧の定海の書である「下乗」の文字をまずは見てもらうという演出が覚斅にはあったものと考えます。

　参考までに、慈尊院の下乗石を図のように復元してみました。現在残るものからすると、長さは４倍以上で、総高は４ｍ50cm以上にもなるものと考えます。

慈尊院下乗石復元想像図

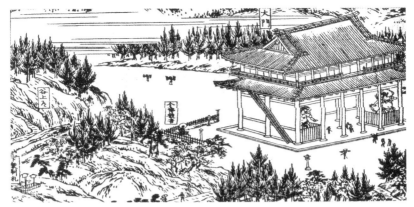

大門近くにあった「下乗制札」。左下に見える(『紀伊国名所図絵』)

　なお、覚鑁上人の勢力は高野山から下山して同じ紀州の根来に勢力を広げて、新義真言宗へと発展します。慈尊院における下乗の考え方も、江戸時代になると忘れられました。

　下乗の高札は、高野山上の女人堂近くに掲げられてしまいました。さらに現在に至っては、全く下乗の意味すら忘れられています。車社会の現代は高野山も世間と同じになってしまいました。

建治2年銘の板碑

　次に紹介するのが、かつらぎ町上天野の高野山町石道に立っている建治2年(1276)銘の板碑です。近くには136町石が立っています。

　花崗岩製で、一石彫成でできています。形態は前に紹介した慈尊院の下乗石と同じタイプのものです。寸法は総高246.0cm、幅30.0cm、最大の奥行33.0cmです。

　正面に金剛界の大日如来の梵字の「バン」を刻し、その下に「奉為 前大僧正聖基」、右側面に「建治二年十一月日」、左側面に「天野路法眼泰勝」と銘文があります。

　鎌倉時代の中頃の建治2年(1276)11月

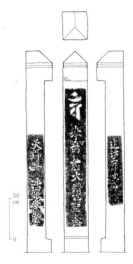

建治2年銘板碑実測図・拓影

に法眼の泰勝が前の大僧正の聖基のために造立した板碑と伝えています。時はちょうど、高野山の町石が造立されている最中のことでした。

聖基は、左大臣藤原隆忠の子供です。元久元年（1204）に生まれて、文永4年（1267）に亡くなっています。大僧正という最高位のお坊さんの位が示していますように、当時の真言宗にとって重要な人物の一人でした。

この板碑が造立された年は、聖基の没後8年目にあたります。当時の宗教界の大物のために造立された板碑でした。

町石の中にも、高野山登山に際して第1番目の180町石が、同じく聖基のために関白九条道家の子供の勝信が文永9年（1272）に造立しています。

勝信の師匠が聖基でしたので、町石を造立した理由もわかります。

板碑造立者の泰勝

問題は、板碑の造立者の泰勝がどのような人物だったのか、ということです。わずかな手がかりは、法眼というお坊さんの位です。この当時の高野山のお坊さんの中で最高位の位だったのが高野山の検校の法橋上人位でした。

この位は、法眼より下位です。それで、泰勝が高野山のお坊さんではなかったことは明らかとなります。

それで、我が国の主要な諸氏の系図を集成した『尊卑分脉』で調べてみますと、同時代の同名の人物が見出されました。それが高階家の系図にある肥前法眼泰勝です。高階家は、京都の有名な天台宗寺院の青蓮院の坊官としています。

この肥前法眼泰勝には、注目すべき人間関係があります。泰勝の娘が、後年に太政大臣になる藤原公守の妾となり、後に権大納言となる藤原實明を産んでいるのです。板碑が造立された建治2年（1276）には、實明は生まれています。このことは、泰勝が有力貴族の外戚としての地位があったことを思わせます。

板碑の銘文にある泰勝が、高階家の肥前法眼泰勝となると聖基との関係をわずかですが思わせるものがあります。聖基が京都にある三十三間堂（蓮華王院）の落慶法要の導師を務めているのです。

三十三間堂は天台宗寺院でありますので、そこで泰勝は聖基と何らかの関

係を持ったのではないでしょうか。

なお、藤原公守の妾となり藤原實明を産んだ女子は『尊卑分脉』の中の鎌倉幕府の北条氏の系図の中にも同様の記述が見出せます。それが、北条久時の娘でそこに「太政大臣公守公妾、實明卿母」とあります。

これにより實明の実母につては、高階家と北条家出身との2説があることになります。藤原公守側の系図には、實明の母は泰勝の娘であるとしています。

ここで、北条久時について調べてみますと、久時は文永9年（1272）に生まれています。藤原實明は文永11年（1274）に生まれていますので、久時の娘が實明を産むことは不可能です。

なぜ北条氏の系図にその名があるのでしょうか。その理由はどこにあるのでしょうか。

考えられることは、1つです。高階家から北条家へ、泰勝の娘が一時養女になったことを今日伝えているのではないでしょうか。

北条久時の父が北条義宗です。板碑が造立された建治2年（1276）に義宗は没します。

義宗の家は、幼い僅か5歳の久時が家督を継いだことになります。義宗・久時はともに、京都の六波羅探題北方を務めています。京都で影響力を持った有力武将との婚姻関係を、泰勝は結んだのではないかと推理します。

我が国最古の道標

次に、本板碑について注目されることが道標としての性格があることです。板碑が立っている地点は六本杉と称されています。

ここは高野山町石道と、かつらぎ町三谷から天野へ通じる三谷道と、町石道から天野へ行く道が交差する地点です。

六本杉付近。中央の道が「天野路」

板碑に「天野路」とあるのは、町石道から天野へ行く道を示していて、この時代はその道を天野路(あまのみち)と称していたことがわかります。
　つまり、本板碑は「天野路」の道標を兼ねていたのです。江戸時代の石造物の中には、道標はかなりの数がありますが、鎌倉時代にまでさかのぼるものは他にはありません。我が国最古の道標と思います。江戸時代に先行して、すでに鎌倉時代に道標が存在した意義は大きいと考えます。
　また、ここで思い出される史料があります。白河上皇の第4皇子の覚法(かくほう)法親王(ほうしんのう)の高野山参籠(さんろう)日記に出てくる「天野辻(あまのつじ)」です。板碑がある地点からさらに高野山へと向かって登山すると、天野の丹生都比売神社(にゅうつひめじんじゃ)を遥拝する「二ツ鳥居」（108頁参照）があります。
　この付近からも天野へと行く道があり、そこが「天野辻」とされています。
　しかし、「辻」とは交差した地点を示す言葉であり、板碑がある付近がかつては天野辻といわれていたものと考えます。ここは、交通の要所であったのです。

木製の板碑から石造の板碑へ

　それでは、板碑が造立される建治2年（1276）以前は天野辻には何もなかったのでしょうか。筆者は、天野路を知らせる道標としての木製の板碑が石造のものに先行してあったと考えます。高野山の木製の町卒都婆が石造化する際に、同じく木製の板碑が石造になったものと考えます。
　それは、前に紹介した下乗石も同じで、町石の勧進に奔走した覚斅は町石の他に木製としてあった天野辻の板碑と木製の下乗の卒都婆の石造化も計画にあったことが指摘できます。
　天野辻の板碑と慈尊院の下乗石は、町石と同じで木製の時代のそのままに石造となったものと考えます。
　また覚斅は、先に述べたように慈尊院の高野山登山の入口に、町石供養碑と嵯峨浜五輪卒都婆を造立しています。
　この両者については、先行する木製のものがあったか否かはさらに検討を要しますが、いずれにしても覚斅は町石だけではなく、高野山登山全体を見据えた壮大な計画の下に石造化を進めたことがわかります。

板碑の起源

　板碑の起源については、研究者により諸説が出ていて決定的な説はありません。その中で、川勝政太郎の説は注目されます。同氏はその起源を「角塔婆を造る時、断面方形の柱状で頭部を水平に切り放したものでは形の上で満足できない場合、頭部を4面とも上に向って削りあげると、山形の頭部ができる。それを一層変化のある形にしようとして2段の切り込みが造られた。たあいのない説といわれるかもしれぬが、案外そのようなところに元があるかもわからぬ。円柱状の杭を建てるときに、頭部を円錐状に削って立てるものがあるが、あの行き方との共通性を思うのである。つまり、角塔婆の頭部山形の手法は一種の頭部意匠であり、そこに深刻な意味をあえて求めない。板碑の頭部手法はそのような角塔婆の手法を受けているものと見る」とされました。

　天野辻の板碑と慈尊院の下乗石の形態は川勝氏が指摘するものといえますし、それ以上に木製卒都婆の形態の名残りを伝えていると考えます。

　それが、背面を垂直に切り放しにしている点と、上端と下端に額部と造り出しがあることです。背面の切り放しは、生木をまっすぐに切断して卒都婆に彫成したことを伝えています。

　高野山周辺の花園地区の墓地には、杓子塔婆といって樒の生木を20cmほどにしたものの正面を削り出して被供養者の戒名を書き、年忌法要の度に造立が行われています。正面を削り出すことにより、上端と下端に造り出しができます（図参照）。

　先に高野山における卒都婆造立は、五輪卒都婆が主流であると考えを述べましたが、時代は下って、室町時代の応永22年（1415）の奥の院を描いた「弘法大師行状図画」に五輪卒都婆に混じって木製の板碑が見出されます（次頁図参照）。木製の板碑も造立された様子が伺われます。

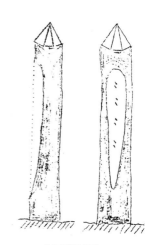

杓子塔婆の図
（五来重「佛教と民俗学」
『佛教民俗』1号）

応永22年(1415)の「弘法大師行状図画」に見える木製の板碑　（日野西眞定師提供）

二ツ鳥居

次に、天野の二ツ鳥居について紹介しましょう。

120町石付近のかつらぎ町天野地区を見下ろす地点に天野に向って、高さ5mはある大きな石造の鳥居が2つ並んで立っています。

天野の丹生都比売神社に鎮座する高野山の地主神の丹生明神と高野明神を遥拝するために設けられた鳥居とされています。実は、石造となったのは江戸時代の慶安2年(1649)のことでした。それまでは、木製の鳥居が立っていました。

この二ツ鳥居について調べてみますと、寛治2年(1088)の白河上皇の高野山登山の記録に「（政所より）70町許り登り、天野鳥居」とあり、慈尊院より70町となると距離的にも二ツ鳥居のことを示しているものと考えます。

平治元年(1124)の鳥羽上皇の高野山登山の記録には「丹生高野鳥居前」とあり、今のように2つの鳥居が並んでいた

二ツ鳥居。近くに120町石が立つ

ことがわかります。

　高野山の正智院の歴代住職の過去帳に、文永5年（1268）12月に二ツ鳥居が再建され、鳥居の額束(がくそく)に、「文永五年十二月、検校榮舜時、院主代阿闍梨定全」と銘文があったことを伝えています。

二ツ鳥居から見る天野の里

　文永5年（1268）といえば、町石造立の最中です。町石造立に際して、二ツ鳥居も再建されたことが伺われます。ただ、石造化ではなくて、旧来の木製のままの再建だったのです。

　これまでの事例で検証しましたように、町石の造立に奔走した覚斅は、木製のものを次々に石造にして行きましたが、二ツ鳥居についてはその石造化の構想に入ってなかったことがわかります。

　近年、この二ツ鳥居付近の発掘調査が行われ、注目される結果が出ました。今では2つの鳥居が天野地区に向いて並んで立っていますが、古くは違って町石道をまたいで大きな鳥居が1つ立っていたと推測されています。

　白河上皇の記録には「天野鳥居」とありますので2つではなく1つの鳥居だった可能性が出てきました。しかも、天野に面していたのではなく、高野山へ鳥居は向いていたことが考えられます。

　高野山の最も古い9世紀頃の高野山の様子を描いたとされる絵図「金剛峯寺根本縁起」を見ると、今は楼閣建築の大門が鳥居となっています。

　そうなると、興味深い問題になります。大門がかつて鳥居となりと、これを、一ノ鳥居。天野の鳥居は2番目の二ノ鳥居。さらにその2つの鳥居の線上に紀の川流域のかつらぎ町笠田付近に「三の鳥居」という小字名があることが、谷口正信氏の研究により判明しました。

　本書の❶で紹介したように、高野山の信仰を考える場合は、空海以前の姿も見据える必要があります。

　高野山は御山そのものがご神体の時代がかつてあったことが、この鳥居の問題からも指摘されるのです。

③ 高野山登山を町石道・町石が優しく導く

高野山駅ケーブルカー開通当時の車内光景

　一心に弘法大師空海の、「南無大師遍照金剛」の御宝号を唱える声が、車中に響き渡っていました。「もったいない。お大師様が歩いて登られた御山なのに、私は乗物に乗って登っている。南無大師遍照金剛、南無大師遍照金剛・・・もったいない、もったいない・・・」と、その老婆は高野山駅に向かうケーブルカーの一番前の床に正座をして、身を縮めて手を合わせていました。他に乗客は誰もいません。

　この光景は、昭和5年（1930）極楽橋駅発の高野山駅行ケーブルカーの、開通当時の車内での一コマです。南海高野線は開通以来、高野山へのレールを順次延ばして、ついにこの年、大阪難波駅から高野山駅までのルートが完成しました。

　ただ、開通当時、高野山へ行く極楽橋駅発の高野山駅行ケーブルカーは、ほとんど利用客はありませんでした。老齢であったこの老婆だけが乗車して、他の家族は極楽橋駅で下車し徒歩で高野山へと向かったのです。

　この老婆がいうように、空海も自らの足で高野山を登山したことは、間違いないわけです。

観光バスや自家用車でにぎわう高野山山頂

高野山登山は歩いてするものだった

　それでは、時空を21世紀の現代にもどしてみます。車社会となってしまった現代では、もはやこの老婆のような信仰心もなくなってしまいました。高野山へ通じる道路は完備し、電車の利用客は減少して、車・バスでの高野山登山が当たり前となりました。

しかしながら、今のご老人が若年であったひと昔までは、この老婆がいうように、高野山登山は歩いてするものでした。ごくわずかの人が駕籠を利用しましたが、大勢の人たちは歩いて登りました。

上皇であっても自らの足で高野山登山をしました。高野山登山の人々は、牛にひかれながら、ある

牛にひかれて高野山登山
（南海鉄道（株）『開通五拾年』昭和11年刊挿入写真）

いは後押女といわれる人から後押しをされながらも、自らの足で高野山登山をしたのです。

神々がいらっしゃる聖地として周辺の人々より古くから信仰されていた高野山は、空海により仏教化されて全国規模の聖地と発展していきました。

その後、江戸時代が終わり明治となり近代国家の仲間入りをした日本でしたが、太平洋戦争の戦前頃までは、人々の深層にわずかですが古代にまでさかのぼる罪や穢れの心が残っていたことが伺えます。

町石道は信仰の道よりハイキングの道

今や町石道は信仰の道というより、ハイキングの道となりました。今一度、町石道が本来持っていたあの世への道で、生きていて逃れることができなかった罪をぬぐい去る滅罪の道であることを再認識したいと思います。

高野山への正面玄関の道である町石道とそこに立つ町石は、決して一部の特権階級の人のためだけのものではありませんでした。

高野山と弘法大師空海を信仰するすべての人のための道だったのです。そこには一切の人々が平等でした。

このことは、高野山そのもの

大門の前から高野山登山道を望む。
ここからは遥か瀬戸内海の淡路島が見えるときもある

の性格を考えるとより明確にもなります。高野山は２つの顔を持つとは、仏教民俗学者の五来重先生の説です。

　１つは、真言宗の学問を学ぶ学山としての顔。もう１つが弘法大師信仰の御山としての顔です。

　高野山内の塔頭寺院も江戸時代は、学問を中心とする学侶方と、信仰の実際面を中心とする行人方と、高野聖として代表される全国へ高野山の布教活動をしていた聖方の３派に分かれていました。

　さらに、少しではありますが、客坊といいまして、高野山に属さないお坊さんのお寺も存在しました。そして、別所といいまして、高野山を信仰してお坊さんとなったばかりの人や、お坊さんとならないまでも信仰を持った人々が集まるお寺も古い時代はあったのです。

　女性は入れませんでしたが、男性であれば誰であっても、高野山へ来れば、自分に合ったお寺へ行くことができました。

高野山の町石道と町石は高野山の山頂へと優しく導いていた

　そのような高野山登山をする全国の人々に、高野山の町石道と町石は高野山の山頂へと優しく導いていたことがわかります。

　高野山麓の慈尊院から町石道の仏さまの曼荼羅世界に入った人たちは、山路の中で一切の罪穢れを払拭しました。高野山山頂にたどり着いた人たちは、喜びに満ちた笑顔だったに違いありません。

　その高野山山頂の大門からは、平坦な道のりです。

　大塔がある壇上伽藍へはすぐそこの８町です。

　空海がいらっしゃる御廟がある奥の院まではあと38町ほどです。

　長かった高野山町石道もあと少しで終点です。

大門から入った高野山上の様子。
寺院・商店街等が道の両脇に並ぶ

④ 町石216基の概要一覧

町石216基の概要

　胎蔵界180基と金剛界36基の、都合216基の高野山町石について概要を一表にしますと、下表のようになります。

　鎌倉時代の造立当初のものが174基と、町石全体の8割を占めています。

　残りの42基の町石は、後世に再興されたものです。1基も欠けることなく、すべての町石が今に残るものは高野山の他ではありません。

　一番古い再興の町石が天正18年（1590）のもので、「高野山の木食ではなく、木食の高野山だ」とまで豊臣秀吉にいわせた、木食応其上人が造立した奥の院側33町石です。

　次に、江戸時代の明和7年（1770）・同8年（1771）・安永2年（1773）・同3年（1774）・同6年（1777）・同7年（1778）・寛政3年（1791）に再興された15基と、大正2年（1913）に岡山市の信仰団体の福田海により再興された26基が続いています。

　この福田海は、大正2年（1913）と昭和35年（1960）に、五輪塔部分をなくして破損した町石に新たに五輪塔を作成して補修もしています。

　再興された町石の中でも、根本大塔をはさんだ中心のものの再興施主には、その当時の皇室関係の重要人物が断定できます。安永2年（1773）に再興された、慈尊院側6町石が深仁入道親王、2町石が恭礼門院富子（桃園天皇の女御）、1町石が青綺門院舎子（桜町天皇の女御）。奥の院側2町石・3町石が、後桜町上皇です。

注：表中の町石造立者については、銘文に実名を明らかにしてないものもあり、系図などによって比定していることをご了解ください。また、町石とその町石が建てられた時代（建てた年号を明記するものは年号と西暦）、建てた造立者と建てた目的などで、不明な箇所には空白または──のしるしをつけています。

慈尊院から根本大塔までの180町石〜1町石（胎蔵界）

町石	時代（年号・西暦）	造立者	目的	場所	備考
180町	鎌倉時代（文永9・1272）	関白九条道家の子供の勝信	師匠の聖基のため	九度山町	

179町	鎌倉時代（文永6・1269）	六波羅探題の北条時茂	―	九度山町	
178町	鎌倉時代（文永6・1269）	高野山金剛院の明澄	―	九度山町	
177町	鎌倉時代	高野山金剛三昧院の慶賢	―	九度山町	
176町	鎌倉時代	左衛門尉藤原道広など10名	―	九度山町	
175町	鎌倉時代	比丘尼成阿	貞伝の3回忌	九度山町	
174町	鎌倉時代	法印権大僧都真依	―	九度山町	
173町	鎌倉時代	宇都宮資信	実崇のため	九度山町	
172町	鎌倉時代	高野山安養院の頼賢	―	九度山町	
171町	鎌倉時代	蓮阿弥陀仏など3名	―	九度山町	
170町	鎌倉時代	左衛門尉大江為氏と沙弥西願	亡き父母のため	九度山町	
169町	鎌倉時代	坂上宗澄など9名	―	九度山町	
168町	鎌倉時代	比丘尼正智	―	九度山町	
167町	鎌倉時代（文永7・1270）	阿闍梨能瑛	一切衆生ため	九度山町	
166町	鎌倉時代	法如など5名の女性と円仏など2名の男性	―	九度山町	
165町	鎌倉時代	高野山検校の興実と晴観	―	九度山町	
164町	鎌倉時代	肥田清口左衛門入道増善	父母と祖父母のため	九度山町	
163町	鎌倉時代（文永8・1271）	弁海	高野山検校真井と父母のため	かつらぎ町	
162町	鎌倉時代	十方檀那	―	かつらぎ町	
161町	鎌倉時代（文永3・1266）	―	良印のため	かつらぎ町	
160町	鎌倉時代	範勇	師匠の龍遍のため	かつらぎ町	
159町	鎌倉時代（文永9・1272）	安達泰盛	二月騒動犠牲者	かつらぎ町	
158町	鎌倉時代（文永9・1272）	安達泰盛	二月騒動犠牲者	かつらぎ町	
157町	鎌倉時代	生蓮など8名	父・母・兄・弟・妻・子のため	かつらぎ町	五輪塔後補
156町	大正時代（大正2・1913）	鶴田など3名（福田海）	―	かつらぎ町	
155町	鎌倉時代	道窓	―	かつらぎ町	噛合せ五輪塔
154町	大正時代（大正2・1913）	広島（福田海）	―	かつらぎ町	鎌倉時代の残欠あり。「沙弥行口」と銘文あり
153町	鎌倉時代	富永資道	―	かつらぎ町	
152町	鎌倉時代	丹治宗泰	―	かつらぎ町	
151町	鎌倉時代	了空（鎌倉二品禅尼）	―	かつらぎ町	
150町	大正時代（大正2・1913）	伊與田など2名（福田海）	―	かつらぎ町	鎌倉時代の残欠あり。「三善為忠」と銘文あり
149町	大正時代（大正2・1913）	福井など2名（福田海）	―	かつらぎ町	鎌倉時代の残欠あり。復元する「沙弥定円」と銘文あり
148町	鎌倉時代（文永9・1272）	少将藤原俊盛	―	かつらぎ町	
147町	鎌倉時代	中納言久我道嗣の子供の道賢	―	九度山町	噛合せ五輪塔
146町	鎌倉時代（文永10・1273）	法印房宣	摂政九条道家の子供の円実のため	九度山町	
145町	鎌倉時代	応阿と秋葉平六入道2名	―	九度山町	五輪塔後補
144町	鎌倉時代	順円などの5名	一切衆生ため	かつらぎ町	五輪塔後補
143町	鎌倉時代	行覚	―	かつらぎ町	噛合せ五輪塔
142町	大正時代（大正2・1913）	大江（福田海）	―	かつらぎ町	鎌倉時代の残欠あり。「当山三宝院良珍」などの銘文あり
141町	鎌倉時代（文永8・1271）	―	和泉守工藤祐能のため	かつらぎ町	五輪塔後補
140町	大正時代（大正2・1913）	中西（福田海）	―	かつらぎ町	
139町	鎌倉時代（文永8・1271）	平頼康	―	かつらぎ町	
138町	大正時代（大正2・1913）	古川（福田海）	―	かつらぎ町	鎌倉時代の残欠あり。「左衛門」の銘文あり
137町	大正時代（大正2・1913）	山下（福田海）	―	かつらぎ町	
136町	鎌倉時代（文永6・1269）	宝道	―	かつらぎ町	

町石	時代	施主	供養対象	所在地	備考
135町	鎌倉時代(文永8・1271)	寒河三郎左衛門尉秀村	―	かつらぎ町	
134町	鎌倉時代(文永4・1267)	真行(松下禅尼)	母のため	かつらぎ町	
133町	鎌倉時代(文永4・1267)	真行(松下禅尼)	檜皮姫のため	かつらぎ町	
132町	鎌倉時代(文永7・1270)	引付衆の北条盛房		かつらぎ町	五輪塔後補
131町	大正時代(大正2・1913)	打田など2名(福田海)		かつらぎ町	
130町	鎌倉時代(文永9・1272)	平頼綱		かつらぎ町	
129町	鎌倉時代	平頼綱		かつらぎ町	
128町	鎌倉時代	行仏など3名		かつらぎ町	噛合せ五輪塔
127町	鎌倉時代	藤原景俊と三善康有の2名		かつらぎ町	
126町	鎌倉時代	池田忠能など2名		かつらぎ町	
125町	鎌倉時代	十方施主		かつらぎ町	
124町	鎌倉時代	大中臣清義		かつらぎ町	
123町	鎌倉時代	十方檀那		かつらぎ町	
122町	鎌倉時代	十方施主		かつらぎ町	
121町	鎌倉時代	十方施主		かつらぎ町	
120町	鎌倉時代(文永7・1270)	権大納言藤原資季	父母のため	九度山町	
119町	鎌倉時代	信応など12名		九度山町	
118町	大正時代(大正2・1913)	小西(福田海)	執権北条経時の子供の頼助が父のため	九度山町	鎌倉時代の残欠あり。「平経時、印権大僧都頼助四月一日」銘文あり
117町	大正時代(大正2・1913)	(福田海)		九度山町	鎌倉時代の残欠あり。「入道善」と銘文あり
116町	鎌倉時代(文永11・1274)	比丘尼貢観	中務権少輔藤原重教のため	九度山町	噛合せ五輪塔
115町	鎌倉時代(文永11・1274)	沙弥寂妙	主君と父母ため	かつらぎ町	
114町	鎌倉時代(文永9・1272)	法印祐賢	師匠の隆賢のため	かつらぎ町	噛合せ五輪塔
113町	鎌倉時代	法印祐賢	父のため	かつらぎ町	
112町	鎌倉時代	法印祐賢	母のため	かつらぎ町	
111町	鎌倉時代(文永9・1272)	河越経重	―	かつらぎ町	
110町	鎌倉時代	右衛門尉泰宣など4名		かつらぎ町	
109町	鎌倉時代(文永5・1268)	連署の北条義政		かつらぎ町	噛合せ五輪塔
108町	鎌倉時代	侍従藤原為顕の子供の空恵		九度山町	
107町	鎌倉時代(文永9・1272)	従三位藤原盛季の子供の聖勝	母のため	九度山町	
106町	鎌倉時代(文永10・1273)	比丘尼慈観と沙弥明智	比丘尼定智の百か日	かつらぎ町	
105町	鎌倉時代(文永11・1274)	沙弥定智	亡き母の三回忌	かつらぎ町	
104町	鎌倉時代(文永9・1272)	加藤景経		かつらぎ町	五輪塔後補
103町	鎌倉時代	比丘尼の佛念と佛阿	10人の故人のため	かつらぎ町	噛合せ五輪塔
102町	鎌倉時代	沙弥某		かつらぎ町	噛合せ五輪塔
101町	鎌倉時代(文永5・1268)	比丘尼慈阿		かつらぎ町	噛合せ五輪塔
100町	鎌倉時代	高階経常		かつらぎ町	
99町	鎌倉時代	伯耆守藤原基貞の妻の覚如	入道惟方と春宮大進仲房のため	かつらぎ町	噛合せ五輪塔
98町	鎌倉時代	比丘尼聖妙		かつらぎ町	五輪塔後補
97町	鎌倉時代	少弐景頼		かつらぎ町	五輪塔後補
96町	鎌倉時代	遠州の高薗惟氏など3名		かつらぎ町	噛合せ五輪塔
95町	鎌倉時代(文永9・1272)	伊豆国の肥田新左衛門入道引仏		九度山町	噛合せ五輪塔
94町	鎌倉時代	山田左衛門入道西仙	父母と比丘尼信阿のため	九度山町	噛合せ五輪塔
93町	鎌倉時代(文永5・1268)	二階堂行清		九度山町	噛合せ五輪塔
92町	鎌倉時代	名越篤時	父名越時章のため	九度山町	噛合せ五輪塔

91町	鎌倉時代	島津久清	―		九度山町	噛合せ五輪塔
90町	鎌倉時代	評定衆の北条時広	―		高野町	噛合せ五輪塔
89町	鎌倉時代（文永8・1271）	比丘尼唯妙	―		高野町	
88町	鎌倉時代	設楽右衛門四郎實久	―		高野町	
87町	鎌倉時代	佐々木行綱など3名	三悪道からのがれて安楽国に生まれるため		九度山町	噛合せ五輪塔
86町	鎌倉時代（文永8・1271）	少納言藤原知継	―		九度山町	噛合せ五輪塔
85町	鎌倉時代	二階堂行有	―		高野町	
84町	鎌倉時代	比丘尼浄阿	―		高野町	噛合せ五輪塔
83町	鎌倉時代	沙弥行仁	―		高野町	五輪塔後補
82町	鎌倉時代	小山時長	―		高野町	噛合せ五輪塔
81町	鎌倉時代	安達顕盛	―		高野町	
80町	鎌倉時代	榎本光義	―		高野町	噛合せ五輪塔
79町	鎌倉時代	少弐景頼	―		高野町	
78町	鎌倉時代	沙弥宗祐	―		高野町	
77町	鎌倉時代（文永5・1268）	足利家時	―		高野町	五輪塔後補
76町	鎌倉時代	名越時基	―		高野町	
75町	鎌倉時代	大江時秀	―		高野町	
74町	鎌倉時代（文永5・1268）	大江時秀	―		高野町	
73町	鎌倉時代	比丘尼妙然など3名	―		高野町	五輪塔後補
72町	大正時代（大正2・1913）	合田（福田海）	―		高野町	左側面に「文永7年」と鎌倉時代の町石の銘文を記す
71町	鎌倉時代	比丘尼蓮阿	少弐景頼のため		高野町	
70町	大正時代（大正2・1913）	前谷（福田海）	―		高野町	
69町	鎌倉時代	沙弥蓮定	―		高野町	噛合せ五輪塔
68町	鎌倉時代	藤原氏の女	―		高野町	
67町	鎌倉時代	比丘尼浄勝	―		高野町	噛合せ五輪塔
66町	鎌倉時代	比丘尼如生	―		高野町	
65町	鎌倉時代	藤原清泰	―		高野町	
64町	鎌倉時代	権大納言二条為氏	―		高野町	
63町	大正時代（大正2・1913）	藤田（福田海）	―		高野町	鎌倉時代の残欠あり
62町	鎌倉時代（文永5・1268）	連署の北条業時	―		高野町	
61町	鎌倉時代	沙弥慈仁	比丘尼我真と全ての人々のため		高野町	
60町	鎌倉時代（文永7・1270）	阿闍梨寛口	―		高野町	
59町	鎌倉時代	実相院僧衆と沙弥能念など4名	―		高野町	
58町	鎌倉時代	僧定弁など6名	―		高野町	
57町	鎌倉時代	比丘尼聖阿など3名	―		高野町	
56町	鎌倉時代	源氏の女	―		高野町	五輪塔後補
55町	鎌倉時代	諏訪盛経と山鹿成時の2名	―		高野町	
54町	鎌倉時代	沙弥親元	―		高野町	
53町	鎌倉時代	佐々木氏信	―		高野町	昭和35年（1960）再興の町石も造立。五輪塔後補
52町	鎌倉時代	佐々木氏信	―		高野町	
51町	鎌倉時代	二階堂行綱	―		高野町	
50町	鎌倉時代	比丘尼妙然	―		高野町	
49町	鎌倉時代	安達時盛	―		高野町	
48町	鎌倉時代	藤原氏の女	―		高野町	五輪塔後補

47町	鎌倉時代	六波羅探題の北条時盛		高野町	
46町	鎌倉時代	大友頼泰		高野町	
45町	鎌倉時代	宇都宮景綱		高野町	
44町	鎌倉時代（文永8・1271）	沙弥蓮願と茲野氏の女		高野町	大正2(1913)再興の町石も造立
43町	鎌倉時代（文永5・1268）	前上野介藤原広綱		高野町	
42町	鎌倉時代	評定衆の北条宗政		高野町	
41町	鎌倉時代	評定衆の北条宗政		高野町	
40町	鎌倉時代（文永7・1270）	宗像氏業		高野町	
39町	鎌倉時代	比丘尼如願	――――	高野町	五輪塔後補
38町	鎌倉時代	平氏の女		高野町	
37町	鎌倉時代	比丘尼専観		高野町	
36町	鎌倉時代	平氏の女		高野町	
35町	鎌倉時代	池田奉道と尾塞兵衛入道		高野町	
34町	鎌倉時代	源氏の女		高野町	五輪塔後補
33町	鎌倉時代	沙弥道親など3名		高野町	
32町	鎌倉時代（弘安4・1281）	比丘尼了證		高野町	五輪塔後補
31町	鎌倉時代	比丘尼妙蓮など7名		高野町	
30町	鎌倉時代	十方施主		高野町	五輪塔後補
29町	鎌倉時代	比丘尼某		高野町	
28町	鎌倉時代	和気経成	父母と祖母のため	高野町	
27町	鎌倉時代	左衛門尉藤原長綱と塩谷周防四郎泰朝		高野町	
26町	鎌倉時代（文永5・1268）	六波羅探題の北条義宗		高野町	
25町	鎌倉時代（文永5・1268）	六波羅探題の北条義宗		高野町	
24町	大正時代（大正2・1913）	若林（福田海）		高野町	
23町	鎌倉時代	藤原氏の女	――――	高野町	
22町	大正時代（大正2・1913）	満喜尼（福田海）	――――	高野町	
21町	鎌倉時代（文永7・1270）	大法師能心	主君の聖霊のため	高野町	
20町	鎌倉時代（文永7・1270）	大法師良獣	主君の聖霊のため	高野町	
19町	鎌倉時代（文永7・1270）	藤原兼季の子供の覚済	師匠の勝尊のため	高野町	
18町	鎌倉時代（文永7・1270）	西園寺公基の子供の実宝		高野町	
17町	鎌倉時代（文永7・1270）	右衛門尉草部利弘	父母と養父母と比丘尼観阿	高野町	五輪塔後補
16町	鎌倉時代	高野山金剛三昧院の四十八巻一結衆等		高野町	
15町	鎌倉時代	高野山安養院の僧衆		高野町	五輪塔後補
14町	鎌倉時代	高野山金剛三昧院の僧衆		高野町	
13町	鎌倉時代	比丘尼如阿	沙弥徳蓮と比丘法如のため	高野町	
12町	鎌倉時代（文永5・1268）	安達泰盛	父安達義景のため	高野町	
11町	大正時代（大正2・1913）	長谷川（福田海）	――――	高野町	
10町	鎌倉時代	執権の北条時宗		高野町	
9町	鎌倉時代	佐々木正義	父母と比丘尼唯仏のため	高野町	
8町	鎌倉時代（文永5・1268）	了空（鎌倉二品禅尼）	――――	高野町	五輪塔後補
7町	鎌倉時代	法橋長禅などの10名		高野町	五輪塔後補
6町	江戸時代（安永2・1773）	総法務一品親王（深仁入道親王）		高野町	鎌倉時代の残欠あり
5町	大正時代（大正2・1913）	伊藤（福田海）		高野町	鎌倉時代の残欠あり、「相模守 平朝臣政村」と鎌倉時代の町石の銘文を刻す
4町	江戸時代（安永6・1777）	後藤久邦と荊婦喜代の2名	――――	高野町	鎌倉時代の造立者は、北条政村

町石	時代(年号・西暦)	造立者	目的	場所	備考
3町	江戸時代(安永7・1778)	久姫	—	高野町	鎌倉時代の造立者は、西園寺実氏の子供の道勝
2町	江戸時代(安永2・1773)	新女院(恭礼門院藤原富子)	—	高野町	鎌倉時代の造立者は、北条時宗
1町	江戸時代(安永2・1773)	女院大后(青綺門院藤原舎子)	—	高野町	鎌倉時代の造立者は、北条時宗

根本大塔から奥の院御廟までの1町石～36町石(金剛界)

町石	時代(年号・西暦)	造立者	目的	場所	備考
1町	大正時代(大正2・1913)	大江(福田海)	—	高野町	
2町	江戸時代(安永2・1773)	仙洞院御所(後桜町上皇)	—	高野町	鎌倉時代の造立者の「太上天皇」(後嵯峨上皇)を刻す
3町	江戸時代(安永2・1773)	仙洞院御所(後桜町上皇)	—	高野町	鎌倉時代の造立者の「太上天皇」(後嵯峨上皇)を刻す
4町	大正時代(大正2・1913)	福田海	—	高野町	鎌倉時代の造立者の「太上天皇」(後嵯峨上皇)を刻す
5町	江戸時代(明和8・1771)	津田正躬	—	高野町	
6町	大正時代(大正2・1913)	馬越(福田海)	—	高野町	
7町	江戸時代(安永3・1774)	岩城宗明	—	高野町	
8町	大正時代(大正2・1913)	入江(福田海)	—	高野町	
9町	大正時代(大正2・1913)	藤屋(福田海)	—	高野町	
10町	大正時代(大正2・1913)	吉原(福田海)	—	高野町	
11町	大正時代(大正2・1913)	高濱(福田海)	—	高野町	
12町	江戸時代(明和8・1771)	寿光院仙誉妙照大師	—	高野町	鎌倉時代の造立者の「藤原氏女」を刻す
13町	大正時代(大正2・1913)	中西(福田海)	—	高野町	鎌倉時代の造立者の「比丘尼賢如」(伯耆守藤原基貞の妻)を刻す
14町	江戸時代(明和8・1771)	岩城	—	高野町	鎌倉時代の造立者の「平氏女常子、平氏女住子」を刻す
15町	江戸時代(明和7・1770)	野田親宣	—	高野町	鎌倉時代の造立者の「阿闍梨玄性」を刻す
16町	江戸時代(明和7・1770)	等我	—	高野町	「夫当山之町本都遁者金胎諸尊…」と長文の銘文を刻す
17町	鎌倉時代	真行(松下禅尼)	北条時氏のため	高野町	
18町	鎌倉時代(文永4・1267)	沙弥貞阿と比丘尼偏戒の2名	—	高野町	
19町	江戸時代(安永6・1777)	後藤久邦	信解院と円光院の菩提のため	高野町	鎌倉時代の残ոあり、「比丘尼了空」鎌倉二品禅尼「沙弥成立」の銘文を刻す。江戸時代の町石とは反対側の道に立つ
20町	鎌倉時代(文永4・1267)	高野山検校の覚伝	「四恩法界平等利益」のため	高野町	
21町	鎌倉時代	源家康など3名	沙弥託蓮のため	高野町	
22町	鎌倉時代(文永5・1268)	安達泰盛	祖父安達景盛のため	高野町	
23町	鎌倉時代(文永3・1266)	大江忠成	—	高野町	
24町	鎌倉時代	比丘尼信阿など13名	—	高野町	
25町	鎌倉時代(文永5・1268)	安達泰盛	曽祖父安達盛長のため	高野町	五輪塔後補
26町	鎌倉時代	権大納言藤原資季	—	高野町	
27町	鎌倉時代	芳賀伊賀守高直	—	高野町	
28町	鎌倉時代	比丘尼智阿など2名	—	高野町	
29町	鎌倉時代	藤原氏の女など12名	—	高野町	噛合せ五輪塔
30町	鎌倉時代	比丘尼誓真	—	高野町	五輪塔後補
31町	鎌倉時代	比丘尼唯心	—	高野町	
32町	江戸時代(寛政3・1791)	仰誉宗信など2名	先祖代々諸霊などのため	高野町	
33町	安土桃山時代(天正18・1590)	木食応其上人	「自他法界平等利益」のため	高野町	高野町石中、唯一の砂岩製
34町	鎌倉時代	比丘尼能仏	覚智のため	高野町	
35町	鎌倉時代(文永3・1266)	比丘尼意阿	—	高野町	
36町	鎌倉時代(文永4・1267)	太上天皇(後嵯峨上皇)	—	高野町	

参考文献

『高野山古絵図集成』(1983) 日野西眞定(清栄社)
「山と密教―高野山を中心に―」『密教の文化』(1977) 日野西眞定(春秋社)
『高野山古絵図集成 解説索引』(1988) 日野西眞定(タカラ写真製版(株))
「高野山山水屏風について」『都という文化』(1995) 日野西眞定(おうふう)
「神の山から仏の山へ―高野山を主点として―」『説話―異界としての山』(1997) 日野西眞定(翰林書房)
「山岳霊場に祀られる神と仏―特に高野山の場合―」『聖なるものの形と場』(2004) 日野西眞定(法蔵館)
『石の宗教』(1998) 五来重(角川書店)
『葬と供養』(1992) 五来重(東方出版)
『弘法大師空海の研究』(2006) 武内孝善(吉川弘文館)
『丹生明神の昔を探る』(2009) 谷口正信(自費出版)
「石造塔婆としての板碑」『考古学ジャーナル』132号(1977) 川勝政太郎(ニューサイエンス社)
「高野山町石」平頼綱の二基寄進について」『史跡と美術』720号(2001) 八田洋子(史跡美術同攷会)
「良印上人と覚斅上人」『高野山時報』3123号(2008) 酒井道淳(高野山出版社)
『天野の歴史と芸能―丹生都比売神社と天野の名宝』(2003) 和歌山県立博物館(和歌山県立博物館)
『空海と行く宇宙古道』(2002) 橋詰弘(大阪書籍)
「天野二ツ鳥居小考」『高野山麓天野の文化と民俗』5号(2003) 木下浩良(天野歴史文化保存会)
「再び天野二ツ鳥居について―前田正明説を批判する―」『高野山時報』3035号(2005) 木下浩良(高野山出版社)
「新出の高野山町石卒都婆(残欠)について」『仏教学会報』14号(1989) 木下浩良(高野山大学仏教学研究室)
「『高野山名所図会』所収の町石卒都婆銘文のいくつかについて」「仏教学会報」15号(1990) 木下浩良(高野山大学仏教学研究室)
「かつらぎ町上天野の建治二年銘板碑について」『和歌山県立博物館研究紀要』10号(2003) 木下浩良(和歌山県立博物館)
「九度山町慈尊院の下乗石」『改訂 九度山町史 民俗文化財編』(2004) 木下浩良(九度山町)
「文化財編 第三章 石造物(金石文)」『改訂 九度山町史 民俗文化財編』(2004) 木下浩良(九度山町)
「一石五輪塔と一石彫成五輪塔について」『日引』6号(2005) 木下浩良(石造物研究会)
「板碑の起源について」『日引』7号(2005) 木下浩良(石造物研究会)
「意教上人が造立した高野山町石」『高野山時報』3155号(2009) 木下浩良(高野山出版社)
『高野山町石の研究』(1973) 愛甲昇寛(高野山大学密教文化研究所)
「「高野山町石」鎌倉武士の一断面」歴史考古学50号(2002) 八田洋子(歴史考古学研究会)
『日本の中世8(院政と平氏、鎌倉政権)』(2002) 上横手雅敬(中央公論新社)

著者略歴

木下　浩良　（きのした　ひろよし）

1960 年福岡県山門郡三橋町木元 263（柳川市）生まれ。
1983 年高野山大学文学部人文学科国史学専攻卒業。
現在、高野山大学図書館課長心得（司書）・密教文化研究所事務局長心得
著書：『竹野町史　民俗・文化財・資料編』（1991）（竹野町教育委員会）、『養父町史　民俗編』（1994）（養父町）、『岬町の歴史』（1995）（岬町）以上いずれも共著。『三橋いろは事典』（2002、歴史考証担当）（三橋町）、『改訂九度山町史　民俗文化財編』（2004）（九度山町）共著、『戦国時代の柳川－蒲池因幡守鑑憲と田尻親種』（2006）（自費出版）、『高野町史　民俗編』（2012）（高野町）、『高野山結界道、不動坂、黒河道、三谷坂及び関連文化財学術調査報告書』（2012）（和歌山県教育委員会）以上、共著。『戦国武将と高野山奥之院－石塔の銘文を読む－』（2014）（朱鷺書房）。論文、「福岡県みやま市清水寺の梵鐘について」『古代学研究』183 号（2009）所収他、多数。

改訂版　はじめての「高野山町石道」入門

2009 年 11 月 20 日　初版発行
2015 年 2 月 20 日　改訂版発行　2022 年 7 月 14 日　改訂版第 3 刷発行

著　者　木下　浩良　　　©Hiroyoshi Kinoshita
発行人　森　忠順
発行所　株式会社 セルバ出版
　　　　〒 113-0034
　　　　東京都文京区湯島 1 丁目 12 番 6 号 高関ビル 5 B
　　　　☎ 03（5812）1178　　FAX 03（5812）1188
　　　　https://seluba.co.jp/

発　売　株式会社 創英社／三省堂書店
　　　　〒 101-0051
　　　　東京都千代田区神田神保町 1 丁目 1 番地
　　　　☎ 03（3291）2295　　FAX 03（3292）7687

印刷・製本　株式会社 丸井工文社

●乱丁・落丁の場合はお取り替えいたします。著作権法により無断転載、複製は禁止されています。
●本書の内容に関する質問は FAX でお願いします。

Printed in JAPAN
ISBN978-4-86367-191-1